CASIMIR PERTUS

LA GUERRE

SOUVENIRS ET RESSENTIMENTS

Première partie

L'ÉPOPÉE IMPÉRIALE

⁓⁕⁜⁕⁜⁕⁜⁕⁜⁕⁜⁕⁓

PARIS

A. DEGORCE-CADOT, ÉDITEUR

70 *bis*, RUE BONAPARTE, 70 *bis*

1874

LA GUERRE

SOUVENIRS ET RESSENTIMENTS

DU MÊME AUTEUR :

Gaule et Rome, légende nationale, 3ᵉ édition, chez Lachaud, 4, place du Théâtre-Français.

Les Échos poétiques, 3ᵉ édition épuisée.

Les Lyres brisées, poëmes. Dix-huitième siècle : André Chénier, Gilbert, Malfilâtre.

La Satire du dix-neuvième siècle, 3ᵉ édition.

Théâtre de Sophocle, traduit littéra- } Ouvrages pour lesquels l'auteur
   lement. 1ʳᵉ série : Electre, Antigone. } a été lauréat de l'Académie.

Scanderberg, tragédie en 5 actes. }

POUR PARAITRE PROCHAINEMENT :

La Guerre. Deuxième partie : l'Épopée nationale.

Le Théâtre de Sophocle, deuxième série : Œdipe roi, Œdipe à Colonne ; troisième série : Ajax, Philoctète, et un travail sur Sophocle.

Les Lyres brisées, poëmes. Dix-neuvième siècle : Millevoye, Escousse, Elisa Mercœur, Hégésippe Moreau.

EN PRÉPARATION :

Les Misères, poésies.

Les Expiations, petites épopées.

St-Denis. — Imp. CH. LAMBERT, 17, rue de Paris.

CASIMIR PERTUS

LA GUERRE

SOUVENIRS ET RESSENTIMENTS

Première partie

L'ÉPOPÉE IMPÉRIALE

PARIS

A. DEGORCE-CADOT, ÉDITEUR

70 *bis*, RUE BONAPARTE, 70 *bis*.

1874

PRÉFACE

La France est donc libérée, et le sol sacré de
la patrie n'est plus profané par le pied de l'étranger! Maintenant que nous voilà rendus à nous-
mêmes, nous devons reporter nos regards vers le
passé, pour faire profiter l'avenir des leçons qu'il
nous a données. L'auteur de ce livre a jugé que
c'était l'heure de remettre sous les yeux du pays
le tableau de ses malheurs, et d'en dégager la
pensée morale qu'ils renferment. Il a donc en-
trepris d'écrire ce que l'on pourrait appeler la
lugubre épopée de la guerre de 1870 et 1871, en
reproduisant, pour ainsi dire jour par jour, nos
espérances et nos craintes, nos désillusions et nos
désespoirs.

Déjà, sous le coup de nos infortunes, des poëtes
de talent ont gémi sur les revers de notre armée,

qui, par son courage, ne méritait certes pas de
subir une telle humiliation ; mais ce ne sont que
quelques chants isolés qui ne constituent pas un
ensemble reproduisant toutes les péripéties de la
lutte grandiose que nos soldats ont soutenue contre des ennemis beaucoup plus nombreux et
beaucoup mieux organisés. De plus, ce n'est pas
au milieu de la tourmente que le poëte peut
trouver la note juste pour rendre les impressions
de son âme, alors trop agitée par la douleur que
sans cesse viennent accroître de nouvelles catas-
trophes. Plus tard, lorsque le calme s'est fait
dans son âme, toujours affligée, mais plus maî-
tresse d'elle-même ; lorsque toutes les circons-
tances des calamités subies ont été éclairées de
la lumière de l'histoire, il peut mieux devenir
l'écho des plaintes de la patrie en deuil. Enfin,
quand l'historien a parlé, c'est au poëte à venir
s'emparer des matériaux qu'il lui fournit, pour
construire son œuvre et donner au récit des événements le relief du vers, qui en imprime plus
profondément le souvenir dans les esprits [1].

---

[1] L'auteur a consulté les différentes histoires écrites sur les tristes
événements qu'il avait à retracer : il a remarqué surtout celle de
M. Adolphe MICHEL qui lui a paru renfermer de grandes qualités.

Voilà comment le poëte a été amené à composer le livre qu'il présente aujourd'hui au public.

Cet ouvrage, qui retrace toutes les phases de notre malheureuse guerre, depuis le départ de l'empereur jusqu'à la signature de la paix, est divisé en deux parties : l'une va de Sarrebruck à Sedan inclusivement ; l'autre, de l'investissement de Paris à la bataille du Mans.

La première est intitulée : *Épopée impériale;* la seconde, *Épopée nationale.*

L'auteur publie, aujourd'hui, seulement la première partie, comprenant trente-deux pièces de vers, dont chacune peut être isolée, et qui toutes se relient entre elles par la disposition et la marche de l'ouvrage. Il en sera de même pour la seconde partie ; et l'œuvre, dans son ensemble, formera une sorte d'épopée d'un genre nouveau.

Le lecteur va donc avoir d'abord sous les yeux le terrible tableau des désastres e notre meilleure armée, c'est-à-dire de celle qui avait été le plus exercée aux pratiques de la guerre.

Ce livre est tour à tour la glorification de nos vaillants soldats, qui se sont montrés si grands dans cette lutte inégale ; la flétrissure imprimée à la mémoire de l'aventurier que le hasard d'une naissance problématique avait étiqueté d'un nom glorieux, et la réprobation lancée à la face d'un ennemi barbare, qui nous a fait la guerre d'une manière déloyale, qui a été vainqueur par surprise, et parce qu'il était un instrument aux mains de la Providence, ayant une expiation à exiger.

C'est ici le lieu de parler de cette expiation.

Dieu a établi dans le monde moral, comme dans le monde physique, des lois qui ne sauraient être violées sans de terribles commotions. Dans le monde physique, cette violation des lois ne peut avoir lieu, parce que les forces qui y sont soumises n'ont point leur indépendance et obéissent d'une manière inconsciente, sans quoi ce merveilleux concert, qui emporte dans son mouvement harmonieux tous les corps célestes, serait susceptible de se rompre en entraînant un effroyable cataclysme. Dans le monde moral, ces lois peuvent être enfreintes, parce que l'homme est libre et a le pouvoir d'abuser de sa liberté, cette haute prérogative qui l'élève, lui, créature si chétive et si faible, bien au-dessus de ces

mondes immenses et innombrables opérant do-
cilement leurs révolutions sous le regard de
l'Être suprême. Lorsque, dans sa vie privée,
l'homme fait un mauvais emploi de cette liberté
en lâchant la bride à ses passions, il se met en
hostilité avec les lois de la nature, et ne tarde
pas à détruire l'équilibre de ses organes qui fait
la force de son corps, et alors les maladies arrivent et quelquefois la mort : par là, il expie ses
fautes. Si, dans sa vie publique, prenant le crime
pour auxiliaire, il poursuit effrontément les hon-
neurs et la toute-puissance, au mépris de l'ordre
moral, les perturbations qu'il apporte à cet ordre
finissent par susciter un orage qui éclate, et le
précipite aux profondeurs de quelque gouffre : et
c'est là l'expiation dont l'histoire nous offre tant
d'exemples.

« La loi d'expiation domine et gouverne le
monde, » a dit un écrivain : cet axiome est d'une
vérité incontestable ; mais l'esprit humain, emporté par le tourbillon des passions, ne semble
pas l'apercevoir. Ainsi donc, comme l'a déjà
énoncé l'auteur de ce livre, dans la préface de
son poëme de *Gaule* et *Rome*, il est de la dernière
évidence que la sanction de la morale a lieu, jus-

a.

qu'à un certain degré, sur la terre. Sans doute elle n'est pas complète, et, de plus, elle ne peut pas l'être, car alors notre liberté serait diminuée, pour ne pas dire anéantie. En effet, si chacun de nos actes recevait immédiatement, dans toute sa plénitude, sa récompense ou son châtiment, nous serions contraints, par un calcul qui s'imposerait à notre volonté, de faire le bien et d'éviter le mal. Par conséquent, notre liberté serait illusoire, et notre mérite nul.

Si, par exemple, comme le dit M. de Maistre, la main du voleur devait tomber sous le tranchant d'un couperet au moment de la perpétration du vol, personne assurément ne se hasarderait à s'emparer de ce qui appartient à autrui.

Mais, pour n'être pas entière, cette sanction n'en est pas moins réelle, et l'histoire en témoigne assez hautement. Sans parler de César, expirant sous les poignards de ses assassins, au pied de la statue de Pompée, sa victime ; du pape Alexandre VI, tué par le poison qu'il avait préparé pour faire périr le cardinal Corneto, dont il convoitait les richesses, et de tant d'autres qu'il serait trop long d'énumérer ici, n'avons-nous pas un exemple frappant d'expiation dans la personne de Napoléon Ier.

Ce grand capitaine, qui fut aussi un grand criminel, avait d'abord terni sa gloire par l'attentat du 18 Brumaire et l'avait ensuite maculée du sang versé dans les fossés de Vincennes. Ce double forfait, et d'autres que l'histoire n'a que soupçonnés sans en formuler nettement l'accusation, devaient entraîner Napoléon, sans qu'il s'en rendît compte, à travers l'enivrement de succès aussi rapides que peu durables, dans l'abîme qu'il se creusait sous le regard du Destin.

Et pourtant lui-même il se proclamait l'homme du Destin. Il l'était en effet dans une certaine mesure, parce que la Providence, qui se sert de notre propre liberté pour l'accomplissement de ses desseins, y fait concourir aussi bien le crime que la vertu. Arrivé sur la scène politique, au moment où la société française périclitait, tiraillée par les jacobins et les royalistes qui, ni les uns ni les autres, ne représentaient alors l'opinion et les besoins du pays, il se trouvait, par ses talents exceptionnels et sa réputation militaire, dans les conditions voulues pour être l'organisateur de la révolution de 89, et il le fut effectivement. Mais, sur la pente où l'a lancé son ambition criminelle, il va devenir l'ennemi et le destructeur de son œuvre, en épousant l'archiduchesse d'Autriche, en voulant, lui, le grand organisateur de la Révolution, s'allier aux représentants du principe aristocratique du droit divin, en greffant sa race sur cet arbre séculaire contre lequel s'est déchaînée la tempête révolutionnaire dont il est né, et en s'efforçant enfin de ramener les idées vers l'ancien ordre de choses, auquel il a opposé lui-même tout un arsenal de nouvelles institutions. A dater de ce jour, le révolutionnaire a disparu ; il ne reste plus que l'usurpateur. Et cet usurpateur est en quelque sorte condamné à être le forçat de la gloire : il faut qu'il étonne constamment le monde, qu'il tienne l'esprit des Français émerveillé et haletant, pour ne pas lui laisser le loisir de songer à son usurpation et à ses crimes ; il faut qu'il aille de combats en combats, toujours triomphant, jusqu'à ce que la Victoire se lasse de le suivre : et, alors, Moscou commencera la série des défaites qui, malgré ses efforts gigantesques et les miracles opérés par son génie, durant la campagne de France, le conduiront à l'île d'Elbe.

Le voilà tombé, mais son expiation n'est pas complète ; et, poussé par son ambition fatale, il va s'en préparer une aussi éclatante que sa renommée : il court lutter encore dans les plaines de Waterloo, pour y faire une nouvelle chute plus profonde que la première. La véritable expiation alors apparaît ; et la France, qui s'est associée trop complaisamment aux rêves d'une ambition effrénée, en a sa part en restant entamée, et beaucoup plus petite que le jour où ce géant de la guerre se l'appropria.

Maintenant, ce n'est plus l'île d'Elbe, où brillaient encore quelques reflets de la splendeur impériale, mais c'est l'île lointaine et presque déserte de Sainte-Hélène, où les éclairs de la tempête, soulevant les flots d'une mer fréquemment orageuse, frappent seuls ses regards. Merveilleuse combinaison du Destin vengeur ! L'homme qui a dû enfin laisser échapper de ses mains la foudre dont il avait épouvanté l'Europe, vient terminer sa course dévastatrice sur le rocher calciné d'un volcan éteint !

Là, séparé de son fils et de tous les siens, n'ayant que quelques fidèles serviteurs, dont la présence ne fait que lui rappeler plus amèrement l'éclat de son passé, il se voit enfermé dans un étroit espace, lui qui ne trouvait pas le monde assez vaste pour les pas démesurés de son ambition ! Ce conquérant, dont l'épée avait mis en fuite les empereurs et les rois, doit s'arrêter court devant la baïonnette d'une sentinelle anglaise ! Quel regard pourrait sonder le gouffre de douleur où s'abîme désormais cette âme hautaine, habituée à briser tous les obstacles qui lui barraient le passage ?

Après six années d'une lente agonie, la Mort, qui va le saisir, l'étend sur son lit de souffrances, où il prononce ces trois derniers mots : *Mon fils.... l'armée.... Desaix....*; puis elle l'emporte enveloppé dans le manteau dont il était couvert à la bataille de Marengo.

Certes l'expiation fut mesurée à la taille de ce Titan ; mais, d'un autre côté, sa grandeur, aussi bien que celle de l'homme qu'elle frappait et l'horrible majesté du lieu où elle s'exerçait, lui donnait un faux air de martyre qui put encore provoquer une apothéose où le souvenir du crime s'évanouissait.

Aussi, pour compléter la leçon et pour la rendre plus saisissante, la Providence nous réservait un autre exemple, où le caractère bas et grotesque du criminel et la vulgarité du châtiment seraient une sanction plus évidente et plus palpable de la loi d'expiation.

Un aventurier, qui n'avait des Bonapartes que le nom par le bénéfice de la loi : *Is est pater quem nuptiæ demonstrant*, et qui n'avait de commun avec Napoléon qu'un attentat contre la nation et du sang répandu, voulut ressusciter l'empire, avec l'étiquette aussi burlesque que lugubre de souveraineté nationale, alors qu'il avait violé cette souveraineté en jetant ses représentants dans les cellules de Mazas, et en condamnant à l'exil ceux que les balles de ses prétoriens n'avaient pas frappés dans la lutte du droit contre la force ! L'impudent, devenu une fois empereur, proclama bien haut que l'empire c'était la paix ; mais la position que son crime lui avait faite le condamnait, comme nous allons le voir, à une série de guerres qui devaient aboutir à un désastre tel que nos annales n'en avaient jamais constaté.

Dédaigné, après son coup d'État, par les cours de l'Europe, où il avait inutilement cherché quelque princesse pour l'associer à ses hautes

destinées, il veut que notre armée lui prête
l'auréole de son courage pour faire meilleure
figure parmi les potentats couronnés ; il s'allie à
l'Angleterre, et déclare à la Russie une guerre
qui ne devait garantir que les intérêts anglais.
La Victoire, grâce à l'héroïsme de nos soldats,
répondit à ce premier appel ; et l'aventurier se
serait contenté de ces lauriers, qui, tout en n'é-
tant pas cueillis par lui-même, n'en donnaient
pas moins un certain relief à son misérable personnage ; mais son passé était toujours là qui le
poussait vers un avenir désastreux.

Ancien carbonaro, il reçoit des avertissements
péremptoires par les balles de plusieurs Italiens,
ses anciens coreligionnaires politiques, et par les
bombes du comte Orsini, carbonaro comme lui ;
et le voilà qui part lui-même en guerre. La
Victoire, en voyant un tel général à la tête de
notre armée, aurait tourné le dos à nos vaillants
soldats, sans l'intervention de la loyale épée de
Mac-Mahon. Alors s'est accomplie, dans un tout
autre sens que celui qu'il avait indiqué, l'unité
de l'Italie, dont sa politique louche ne sut pas
même se faire une alliée.

Il est sur la voie que le crime lui a ouverte, il

lui faut toujours aller en avant : voici que de
Morny, le sinistre metteur en scène de son attentat du 2 Décembre, le lance dans la guerre du
Mexique, que les comparses officieux proclament
la « grande pensée du règne, » mais qui n'est,
en réalité, qu'une question d'écus à faire entrer dans les poches de son instigateur, et qui se
termine par le départ humiliant de notre armée
et par le meurtre d'un empereur !

Il commence à craindre pour son trône : il
voudrait pouvoir effacer la date du 2 Décembre ;
et, de même que, pour jeter le voile de l'oubli sur
ses équipées de Strasbourg et de Boulogne, il a,
devant les conservateurs, demandé pardon de
ces tentatives criminelles contre un gouverne-
ment établi, de même il fait amende honorable à
la Liberté qu'il a naguère mitraillée. Il parle de
couronner l'édifice par des institutions libérales,
comme si la main d'un criminel pouvait bâtir
sur autre chose que sur du sable ! Avec un nouveau ministère qui s'intitule le ministère des
honnêtes gens, ce qui voulait dire que c'était de
la graine toute nouvelle sur le terroir de l'empire, il retrempe sa dynastie dans un plébis-
cite ; et, comme il s'aperçoit que les concessions

qu'il s'est cru dans la nécessité de faire, ne peuvent que tourner contre lui, fier des millions de voix qu'il a extorqués au suffrage universel, il se jette à corps perdu dans la guerre contre l'Allemagne, pour pouvoir, après une heureuse campagne, étouffer mieux encore la Liberté, dont il a vainement espéré l'absolution. C'est alors que cet inepte, s'improvisant général, joue son glorieux rôle de grand capitaine : par ses savantes dispositions, il fait battre nos armées à Wissembourg, à Wœrth et à Forbach. Tout déconcerté, il fait mine de déposer son commandement, et pour pouvoir encore donner ses hautes inspirations, il suit l'armée par derrière, et arrive ainsi à Sedan.

Jusqu'alors, si l'on en excepte la ridicule parade devant Sarrebruck, on ne l'a vu sur aucun champ de bataille : il va paraître un instant sur celui de Bazeilles ; mais, comme son officier d'ordonnance a été blessé près de lui, il se hâte de regagner Sedan.

Là, ployé par la terreur, tout ahuri, il assiste à l'écroulement de sa puissance, et, quand Wimpffen lui offre de lui faire ouvrir un passage par son armée à travers les lignes ennemies,

il arbore le drapeau parlementaire! Admirable
trait d'humanité! se sont écriés depuis les par-
tisans quand même du héros. Pensent-ils donc
que de tous ces braves, devenus prisonniers, il
n'en soit pas mort autant dans les prisons de
l'Allemagne, sous les coups de la souffrance et du
désespoir, qu'il en serait tombé sous les balles et
les obus dans une dernière lutte qui pouvait
sauver la France ? Un trait d'humanité, c'eût été
de ne pas jeter deux cent cinquante mille
hommes mal équipés et mal nourris au-devant
de huit cent mille Allemands bien organisés.
D'ailleurs, quel sentiment d'humanité peut-on
attribuer au mitrailleur du 2 Décembre? Non,
non, il n'y a pas là le signe d'une grande âme :
celui qu'on nommait Bonaparte, et qui s'inti-
tulait Napoléon III, a eu peur de mourir !

Il ne pouvait et ne devait pas en être autre-
ment : une balle, en le frappant de la mort des
braves, aurait jeté quelque éclat sur sa dernière
heure : une sonde devait lui donner une fin digne
de sa vie.

A ses derniers moments, il ne rêvait point
armées et combats, comme Napoléon Ier expirant;
mais, conspirateur endurci, il ruminait en silence

le sinistre projet de mettre encore la main sur la
France, qu'il avait mutilée.

Voilà l'expiation dans toute sa hideuse réalité !
Notre pauvre France a été enveloppée dans cette
expiation, et, il faut bien l'avouer, elle l'avait
mérité. Aberration inouïe ! La grande France de
Louis XIV, la France invincible de 92, s'était
jetée dans les bras d'un aventurier enfanté par
l'adultère, d'un vulgaire conspirateur qui avait
joué au libéralisme en combattant contre le pape
à Forli, du criminel et piteux héros de Strasbourg et de Boulogne, et enfin de cet être mal-
famé qui, aux États-Unis, avait bravé la morale
publique et n'avait été, en Angleterre, qu'un
chevalier d'industrie exploitant l'affection d'une
femme généreuse et trop éblouie de l'éclat de son
faux nom ! Tel était l'homme providentiel qui,
selon certains esprits peu scrupuleux dans leur
choix, devait relever l'ordre moral ! Oui, la
France fut coupable, et elle le fut grâce à l'a-
veuglement des partis : légitimistes et orléa-
nistes, entraînant derrière eux les habitants
ignorants des campagnes, acclamèrent Bonaparte dans l'espérance qu'il ferait la courte
échelle au comte de Chambord pour les uns, et

au comte de Paris pour les autres ; et la masse
des ouvriers s'empressa également de hisser sur
le pavois ce charlatan, parce qu'il ouvrait devant
elle son fameux livre sur l'extinction du paupé-
risme qui semblait répondre à ses aspirations. Ce
fut ainsi que ce Janus politique, dont un visage
souriait aux monarchistes et l'autre à la multitude besogneuse, se dressa tout à coup rayonnant
et fier des millions de suffrages qu'il avait
recueillis.

Une fois arrivé au pouvoir, après avoir juré
fidélité à une constitution dont la garde lui
était confiée, il viola son serment et fit mitrailler
les défenseurs de la loi ; puis, pour associer en
quelque sorte la nation à sa responsabilité, il la
contraignit, les fusils et les canons braqués sur
sa poitrine, à sanctionner son crime. Nous deve-
nions donc tous, bon gré, mal gré, responsables
de son forfait. Aussi l'avons-nous été, et notre
brave armée qui, dans une heure d'égarement,
avait été un instrument docile aux mains de ce
misérable, subit la plus dure expiation en voyant,
malgré son courage, son drapeau si cruellement
humilié ! On feuilletterait en vain toutes les
annales du monde pour trouver chez aucun peu-

ple l'exemple d'armées fortes de cent et cent soixante mille hommes se livrant à l'ennemi.

. Telle est la leçon que la Providence nous a donnée, et que le poëte a voulu faire ressortir dans son ouvrage aux yeux de ses concitoyens.

Ce livre n'est donc pas inspiré par l'esprit de parti : c'est une œuvre de conscience; c'est l'expression vive et fortement accentuée de la pensée d'un homme qui aime son pays, qui souffre de le voir abaissé et amoindri, et qui a cru de son devoir d'élever la voix pour crier à tous : Profitez d'une cruelle expérience; soyez désormais plus circonspects; ne livrez plus la patrie à de semblables hasards; ne la précipitez pas, en la faisant passer de despotisme en despotisme et de révolution en révolution dans une suprême catastrophe, où vous pourriez entendre ces paroles désolées que Bossuet nous inspire : La France se meurt, la France est morte !

CASIMIR PERTUS.

20 Septembre 1873.

LA GUERRE

1870-1871

PREMIÈRE PARTIE

L'ÉPOPÉE IMPÉRIALE

I

A LA JEUNESSE FRANÇAISE

Flos juventutis.

Accueillez ce livre, ô jeunesse :
C'est à vous qu'il est adressé ;
Car par vous il faut que renaisse
La grandeur de notre passé.

Nous aurons été la souffrance
Des tristes jours qui vont finir ;
Et vous êtes, vous, l'espérance
De ceux qu'enferme l'avenir.

1

Jeunes gens, rude est la carrière
Que vous aurez à parcourir ;
Mais, fils d'une race guerrière,
Son sang en vous ne peut tarir.

Nos défaites, dans notre histoire,
Loin de tourner en déshonneurs,
Deviendront semence de gloire
Dont vous serez les moissonneurs.

Pour nous, sous des voiles funèbres
S'est obscurci le firmament :
Vous ferez, vous, de ces ténèbres
Jaillir un resplendissement.

Pour que la Victoire s'enrôle
Dans vos rangs contre nos vainqueurs,
Préparez-vous à votre rôle :
Portez haut vos fronts et vos cœurs !

Fuyez la voix qui vous convie
A l'énervante volupté ;

Dans les durs labeurs de la vie
Puisez tous la virilité !

Non qu'une austérité farouche
Doive contracter votre front,
En exilant de votre bouche
Le rire, à votre âge si prompt :

Ce ne sont point les fronts moroses
Qui signalent seuls les guerriers ;
Aux champs où fleurissent les roses
Verdissent aussi les lauriers !

Riez ; le rire est de votre âge :
Comme il aiguise les esprits,
Qu'il anime votre courage
Devant nos ennemis surpris.

La Victoire, un jour, doit souscrire
Au désir d'un peuple indompté ;
Et sous un grand éclat de rire
Vous verrez tomber leur fierté !

Février 1873.

II

ALMA MATER

France, ô ma mère, on dit qu'inconstante et légère,
Tu regardes déjà de l'œil d'une étrangère
Les lambeaux qu'à ton corps un vainqueur arracha,
Et que, prompt à fermer une double blessure,
L'oubli, même à ton front, lava l'éclaboussure
    De ton sang qui s'en épancha.

On dit que tes malheurs n'ont eu dans ta pensée
Qu'une trace rapide, aussitôt effacée,

Comme, au noir firmament, le sillon d'un éclair ;

Que contre les Germains le souffle de ta rage

Passa comme le vent emportant un orage

    Qui court se dissiper dans l'air ;

Que le bruit du sabot dont leurs coursiers heurtèrent

Ton sein, où, triomphants, ils se précipitèrent,

N'a déjà plus en toi de retentissement ;

Que dans ton souvenir leur torche incendiaire,

Dont le sinistre éclat a brûlé ta paupière,

    N'a pas laissé de flamboiement !

On dit que de ses feux le ciel en vain t'éclaire,

Et qu'au lieu d'attiser un brasier de colère,

Pour mieux tremper le fer que ta main doit saisir,

Du contact des Germains la gorge maculée,

Tu cours flétrir encor ta force étiolée

    Dans les étreintes du plaisir !

Non, non, il n'en est rien : mère, on te calomnie !

Qui tient de tels discours méconnaît ton génie :

Le sourire chez toi cache un cœur irrité,

Comme une mer d'azur la fureur des tempêtes,

Comme un ciel bleu la foudre, au-dessus de nos têtes,

    Après l'ardeur d'un jour d'été !

S'il en est qui t'ont crue, un instant, détournée

Du chemin que t'ouvrit ta haute destinée,

Ceux-là n'ont pas surpris les éclairs de tes yeux :

Sans qu'il t'ait fallu prendre un front toujours austère,

Au jour voulu, ton pied ébranlera la terre

    Et ta voix remuera les cieux !

                        Février 1873.

III

APPEL A LA CONCORDE

Sortis du même sang, nous sommes tous des frères :
Pourquoi nous rangeons-nous en des partis contraires,
   Toujours prêts à se provoquer ?
Et pourquoi faisons-nous du pays une arène
Où nos ambitions, que la fureur entraîne,
   Ont hâte de s'entre-choquer ?

Quand, tout à l'heure encor, fiers de leur assurance,
Borusses et Teutons, à travers notre France,

S'abattaient comme un noir essaim,
Et que la Mort avide, à leurs voix accourue,
Derrière le canon exilant la charrue,
      Promenait la faux sur son sein ;

Quand ces fauves bandits, qui, portant le ravage,
Suivaient en tout l'instinct de la bête sauvage,
      Viennent de quitter nos forêts ;
Lorsque l'air, que le bronze enflammait de sa foudre,
A peine est dégagé de l'odeur de la poudre
      Qui stérilisait nos guérets ;

Lorsqu'à nos yeux, après une si rude épreuve,
De nos sillons ouverts, que la sueur abreuve,
      Surgit déjà notre rançon,
Insensés, voudrons-nous que la guerre intestine
Dévaste, de nouveau, notre sol et piétine
      Les promesses de la moisson ?

Ce que notre ennemi lui-même n'a pu faire,
Allons-nous l'accomplir ? Et, pour le satisfaire,

Creuserons-nous notre tombeau ?

Allons-nous, de nos mains, déchirer la patrie,

Pour que chaque Teuton, en la voyant meurtrie,

    Accoure en tirer un lambeau ?

La patrie ! A ce nom qui si puissamment vibre,

Et remue en nos cœurs jusqu'à la moindre fibre,

    Déposons nos dissentiments ;

Etouffons en nos seins tout germe de querelle,

Et de nos vains transports ne faisons tous pour elle

    Que de plus vifs tressaillements !

Au sortir des périls d'une horrible tourmente,

Si, dans ce jour, la haine en nos âmes fermente,

    Que ce soit contre l'étranger !

Qu'en nos sombres regards la colère s'allume

Pour animer nos bras à frapper sur l'enclume

    Des glaives prompts à se forger !

Activons-nous, hâtons l'ardente représaille ;

Qu'un seul et même cœur dans tous nos seins tressaille

Aux mâles résolutions ;

Relevons, de nos bras, la France de nos pères,

Qui fera frissonner, au fond de leurs repaires,

    Ces détrousseurs de nations !

Ces pillards qui, venus sur notre territoire,

Ont pris au trébuchet l'aile de la Victoire,

    La verront fuir, tout interdits ;

Et nous arracherons, du premier coup d'épée,

Le masque grimaçant d'une gloire usurpée

    Au visage de ces bandits !

Février 1873.

IV

LA FRANCE N'EST PAS MORTE

Vivit et vivet Gallia.

« Qu'on sonne l'hallali ! La bête enfin est morte ! »
Tel est le cri joyeux que l'histoire rapporte
De Bismarck, quand il sut que Paris se rendait ;
Quand, las de ruminer cette longue espérance,
Il crut pouvoir fouler cette âme de la France
    Où tant de colère grondait !

Il n'a pas savouré sa victoire à son aise :
Ce vaillant n'osa point entrer dans la fournaise

Où bout, depuis longtemps, la Révolution ;
Comme si, sous son pied, tremblait déjà la terre.
A peine approcha-t-il des abords du cratère
    Dont il craignait l'éruption !

Dans sa crainte, il voyait cette cité virile
Armer du désespoir son courage stérile,
Que toujours en son sein elle sentait bondir,
Et, par l'explosion d'une effroyable mine,
Funeste à ses vainqueurs, faire de sa ruine
    Un gouffre pour les engloutir !

Aussi, ces lourds Germains, dans leur marche discrète,
Tressaillant, par moments, d'une terreur secrète,
Mettaient, pour la masquer, l'arrogance à leur front ;
Mais, vil troupeau parqué dans un étroit espace,
Cette fameuse armée, en pillant si rapace,
    Ne put emporter qu'un affront !

Les rangs de nos soldats ont formé la barrière
Où, malgré sa fanfare et sa pompe guerrière,

Piteuse en sa conquête, elle a dû s'arrêter ;
En lisant le dédain sur nos bouches muettes,
Elle a rétrogradé devant nos baïonnettes,
  Qu'elle sut toujours éviter !

Quoiqu'elle surmontât de lauriers sa bannière,
Entre une double haie elle était prisonnière,
Et se haussait en vain de son pas triomphal :
En la voyant ainsi défiler la parade,
Nos enfants la sifflaient, comme une mascarade
  Dont on s'égaye au carnaval !

Certes, ce n'est point nous, ô Teutons, qui, naguère,
Les bras encor fumants des foudres de la guerre,
Nous serions contentés d'entrer dans vos faubourgs :
Nos pas, dans vos palais, résonnaient sur les dalles,
Et tous nous traversions toutes vos capitales
  Au vif roulement des tambours.

Mais nous, nous n'allions pas, respectant notre histoire,
Nous tapir dans les bois pour gueuser la victoire :

Nous courions la gagner, les enseignes au vent;
Nous ne nous faisions point aider par la famine,
Et, sans nous en tenir au canon qui fulmine,
　　Nous nous élancions en avant !

Aussi, lorsque, durant ce triomphe grotesque,
Apparut devant vous, superbe et gigantesque,
Le monument qui fait revivre vos vainqueurs,
Les voyant se ruer de bataille en bataille,
Vous avez à la leur mesuré votre taille,
　　Et senti s'amoindrir vos cœurs !

Ils étaient là, dressant leurs figures hautaines,
Ces valeureux soldats, ces vaillants capitaines
Qui planaient au-dessus de vos fronts orgueilleux ;
Ils semblaient, la menace à leurs lèvres de pierre,
Diriger contre vous une ardente paupière,
　　Et vous avez baissé les yeux !

Sous ce haut monument du vieux pays des Gaules,
Vous avez mieux senti peser sur vos épaules

Le passé que pour vous sa sculpture évoquait ;
Et vos hourras, poussés en gonflant vos narines,
N'étaient rien que des cris tirés de vos poitrines
    Que notre gloire suffoquait !

En vain vous releviez vos faces boursouflées
Que l'on verrait blêmir au milieu des mêlées ;
Ces grands airs de héros vous étaient malséants :
Malgré votre fortune, en ce jour, singulière,
Vous n'avez figuré qu'une humble fourmilière
    De nains passant sous des géants !

Et ces nobles guerriers, après votre passage,
Parurent s'animer, et, le rouge au visage,
Se pencher pour vous voir repartir le front bas ;
Il vous semblait qu'alors tous huaient votre armée,
Et que dans ses clairons déjà la Renommée
    Célébrait nos futurs combats !

Vous avez reconnu qu'elle était encor forte
La grande Nation que l'on vous disait morte,

Puisque, même vaincue, elle vous imposait,
Et que vous frissonniez, ainsi que des brins d'herbe,
En voyant nos héros sur ce granit superbe,
    Dont la grandeur vous écrasait !

Plus tard, vous avez cru, quand la guerre civile
Secouait en fureur ses brandons dans la ville,
Que de son propre fer elle allait se percer ;
Qu'elle s'affaisserait, pantelante et livide,
Et livrerait bientôt à votre rage avide
    Un vil cadavre à dépecer !

Mais vain fut cet espoir : noble prédestinée,
Autant que pour grandir, pour souffrir elle est née,
Et trouve encor la vie aux portes du tombeau ;
Puis, lorsque dans son sein se calme la tempête,
La torche, qu'elle a fait tournoyer sur sa tête,
    Devient en sa main un flambeau !

C'est ainsi que toujours elle éclaire le monde ;
Que souvent le malheur, en l'étreignant, féconde

Ses flancs qui vont s'ouvrir sanglants et déchirés,

Et que, l'œil radieux d'une vive espérance,

Elle sourit, heureuse, à travers sa souffrance,

    D'avoir enfanté le Progrès !

Maintenant, la voilà debout, déjà guérie

Non-seulement des coups dont vous l'aviez meurtrie,

O vainqueurs de hasard, héroïques Germains,

Mais encore de ceux dont elle s'est frappée,

Folle, dans sa douleur, d'avoir vu son épée

    Passer tout à coup dans vos mains !

Vaillante, en attendant qu'elle ait forgé son glaive

Et que, resplendissant, à l'horizon se lève

Le jour dont son espoir voit poindre la lueur,

Elle se met à l'œuvre, au travail s'évertue

Pour l'ennemi qui, fier de l'avoir abattue,

    Après son sang boit sa sueur !

Au regard de l'Europe attentive, étonnée,

La voilà qui reprend, ferme et rassérénée,

Son rôle glorieux qui doit grandir encor ;
Et déjà la Fortune, un instant infidèle,
Pour sa rédemption revient, à tire-d'aile,
　　Verser en ses mains des flots d'or !

Quand l'heure aura sonné de montrer la frontière
Aux derniers régiments de l'Allemagne altière,
Devant son empereur elle se dressera ;
Elle lui lancera sa rançon à la face,
Et pour vous, ô Lorraine et malheureuse Alsace,
　　Son regard alors flamboiera !

Videz donc, ô Teutons, la coupe de l'ivresse
Qu'à vos dents doit briser une main vengeresse ;
Jouissez du présent, toujours prompt à finir ;
Pleins d'un triomphe auquel vous n'osiez point prétendre,
Criez, criez hourra ! Car vous pourriez entendre
　　Sonner le glas de l'avenir !

Février 1873.

V

AUX ALLEMANDS

No tanto exsultetis ovantes triumpho.

N'exaltez donc pas tant, fils de la Germanie,
    Vos triomphes d'occasion :
Vous entendant glapir, la Gloire vous renie
    Et rougit de confusion.

Vous n'êtes point de ceux dont elle s'environne
    Pour voler à travers les temps, ·
Et que, tout lumineux, son doigt divin couronne
    D'un cercle de feux éclatants.

Lorsque vous l'invoquez, vous lui faites outrage,
			O présomptueux Allemands !
Noble et fière, elle exige un tout autre courage
			De ceux qu'elle prend pour amants.

Elle aime les guerriers qui vont livrer bataille,
			Le front haut, le cœur affermi,
Qui bravent les périls et, de toute leur taille,
			Se dressent devant l'ennemi !

Mais, vous, pour éviter les luttes dans la plaine,
			Qui vous auraient mis aux abois,
Vous veniez, vous glissant, retenant votre haleine,
			Nous égorger au coin d'un bois.

Elle aime les vaillants qui forcent la muraille,
			Pour s'emparer d'une cité,
Et font rétrograder les balles, la mitraille
			Devant leur intrépidité.

Mais vous preniez, de loin, nos villes assiégées,
    Derrière vos canons hurlants ;
Quand le fer et le feu les avaient ravagées,
    Vous abordiez leurs murs croulants.

Elle aime les héros dont, tout sanglant, se lève
    Le bras à charger toujours prompt,
Qui luttent corps à corps, et des éclairs du glaive
    Se font une auréole au front.

Votre auréole à vous, c'est l'épaisse fumée
    Qu'exhalent vos Krupps monstrueux,
Et dont s'enveloppait votre vaillante armée,
    Toujours dérobée à nos yeux.

Non, non, vous n'êtes point les élus de la Gloire,
    Vous qu'attend un noir lendemain !
C'est dans un guet-apens qu'un jour sur la Victoire
    Vous avez pu mettre la main.

Mais en vain vous tiendrez des gardes autour d'elle :
    Bientôt elle s'échappera,
Et, revolant à nous, d'un vigoureux coup d'aile,
    Sur le sol vous renversera.

Vous lui faisiez jouer un lamentable rôle,
    Et vous aviez changé son nom,
Alors qu'il lui fallait d'obus et de pétrole
    Charger la gueule du canon.

Elle était dans vos rangs le hideux Brigandage
    Qui pillait, dévastait, brûlait
Et courait saccager le plus humble village,
    Qui dans les flammes s'écroulait.

Aussi, soyez-en sûrs, pour vous la Renommée
    N'embouchera point ses clairons :
Son gosier hurlera, diffamant votre armée,
    Que vous n'étiez que des larrons !

Et la Postérité, ce juge redoutable

    De tous les héros triomphants,

Inscrira sous vos noms, dans son livre équitable:

    « Tueurs de femmes et d'enfants ! »

En attendant qu'un jour étincelle l'épée

    Qui vous soufflette, ô noirs bourreaux,

Mes vers dérouleront la lugubre épopée

    Où les vaincus sont les héros !

VI

L'HOMME DE DÉCEMBRE

Te semper anteit sæva necessitas,
Clavos trabales et cuneos manu
Gestans ahena;.....
                          HORACE.

I

Maintenant qu'il n'est plus, j'aurais voulu me taire
    Sur ce malandrin odieux,
Qui vola dans les flancs d'une mère adultère
    Un nom magique et radieux,
Et qui, pensant qu'en lui sa naissance incertaine
    Avait mis l'âme d'un César,
Croyait pouvoir aussi, comme un grand capitaine,
    Atteler la Gloire à son char!

Mieux vaudrait que l'oubli condensât ses ténèbres
     Sur ce météore avorté,

Qui frappa nos regards de ses lueurs funèbres
     Et rentra dans l'obscurité !

Mais, comme dans l'histoire il faudra qu'il demeure
     Avec tout son hideux aspect,

Un semblable histrion, soit qu'il tombe ou qu'il meure,
     Ne peut imposer le respect.

Si devant le malheur tout homme se découvre,
     C'est lorsqu'il est immérité ;

Mais ce n'est pas alors qu'un sombre abîme s'ouvre
     Pour engloutir l'iniquité !

Puis, sans ces coups du ciel, « cette grande infortune »
     Serait le Crime triomphant ;

Et le Destin vengeur jugea l'heure opportune
     Pour l'arrêter en l'étouffant.

D'ailleurs, puisque je dois célébrer notre armée,
     Toujours grande dans le malheur,

Comment ne point parler de ce lâche pygmée
     Qui stérilisa sa valeur ?

Il me faut bien montrer cambré sur sa monture

Cet écuyer éperonné,
Empereur de ruolz, général d'aventure,
Que la Honte avait galonné !

II

Ce nain sinistre avait fait pacte avec le Crime
Pour pouvoir jouer au géant ;
Mais, dès qu'on est à lui, vainement on s'escrime :
Sa main vous entraîne au néant ;
Il vous tient sous le joug ; vous devenez sa proie
Pour les biens qu'il vous a donnés,
Et, quand l'heure est venue, il vous pousse et vous broie
Sous sa meule que vous tournez !
Ce larron, au sortir de la nuit de Décembre,
Qui couvrit son noir attentat,
Eut beau se redresser, aussi fier qu'un Sicambre,
Et se croire un grand potentat :
Il n'était déjà plus que le sordide esclave
Du Crime qui l'avait servi

Et qui, l'enchevêtrant d'une invisible entrave,
    Devait le tenir asservi.

Il rêve en vain combats, triomphes militaires
    Et tout ce qui peut le grandir :

Une date imprimée en sanglants caractères
    De son front ne doit plus partir.

En vain nos fiers soldats vont gagner la Crimée,
    Où leur valeur resplendira :

Toujours aux bulletins qu'écrit la Renommée
    Cette date reparaîtra !

Cependant, il s'enivre ; il croit à son étoile
    Le guidant vers un but certain ;

L'insensé ne voit pas que la guerre est la toile
    Où doit le prendre le Destin !

III

Orsini vient, un jour, empêcher qu'il n'oublie
    Quel serment le tient enchaîné ;

Et le bruit d'une bombe emporte en Italie

Ce carbonaro couronné

Qui brave, en fier-à-bras, l'Autriche tyrannique,

　　Alors qu'il tremble dans sa peau

Et qu'il court forcément abriter sa panique

　　Sous les plis de notre drapeau!

La Liberté, qu'il a lui-même mitraillée,

　　L'arme contre ses oppresseurs;

Il lui prête sa main encor toute souillée

　　Du pur sang de ses défenseurs!

S'enhardissant alors, cet intrus qui fait tache

　　Au front de nos vaillants guerriers,

Et qui n'a du soldat qu'une épaisse moustache,

　　Prétend moissonner des lauriers!

Il veut, en vrai César, diriger la bataille:

　　Mais, amère dérision!

Il montre, en endossant le rôle qu'il se taille,

　　L'âne dans la peau du lion!

Aussi, sous les éclairs lancés par un orage

　　Qui fait voir les cieux irrités,

La Victoire s'apprête à trahir le courage

　　De nos bataillons indomptés;

Et, sans le prompt secours d'une loyale épée,
    C'en était fait du fanfaron,
Et là se terminait la grotesque épopée
    De ce nouvel Aliboron !
Toutefois, son orgueil n'enfle pas moins sa joue :
    Cet inepte n'a pas compris
Qu'en le laissant aller, le sort de lui se joue
    Comme le chat de la souris !

IV

Chez ses vils souteneurs, qui font ample ripaille,
    L'estomac devient exigeant;
Ils auront bientôt mis la France sur la paille,
    S'il ne trouve ailleurs de l'argent.
De Morny, fin limier, flaire une République
    Et des créances à palper;
Et, pour mieux assouvir la bande famélique,
    Une flotte va s'équiper.
Soldats, en abordant cette plage lointaine

2.

Avec trompettes et clairons,
Vous croyez seconder quelque grand capitaine
Et gagner de nouveaux chevrons !
Non, non, il n'en est rien : on vous réduit au rôle
De recors, armés du canon
Au profit des suppôts d'un misérable drôle
Qui les couvre de son faux nom.
Et, tandis que ce gueux, comme un paon, se rengorge,
Vous, de par le droit du plus fort,
Vous tiendrez ce pays le sabre sur la gorge
Pour qu'il ouvre son coffre-fort !
A si haute entreprise il faut une réclame
Qui puisse éblouir tous les yeux :
Aussi, de toute part, un noble zèle enflamme
Des comparses audacieux
Qui, dans l'éclat de l'or que leur espoir encaisse,
Trouvent de l'inspiration ;
Et ces fiers charlatans battent la grosse caisse
Devant toute la Nation !
D'une grande pensée il faut qu'elle se grise,
Applaudissant ce baladin

Qui va faire sortir d'une boîte à surprise
    Un nouvel empire latin !
Mais l'imprudent provoque un ennemi tenace ;
    Et, sur ce sol, la Liberté,
Bien loin de s'effrayer au bruit de sa menace,
    Lui lance un regard irrité !
S'appuyant à des rocs, elle est forte, invincible ;
    Elle rit de sa folle erreur,
Qui s'obstine et lui vient placer comme une cible
    La poitrine d'un empereur !
Alors, son bras, au nom d'une autre République,
    Pour aigrir ses regrets amers,
D'un geste impérieux qui reste sans réplique,
    Lui montre le chemin des mers !

V

Nos valeureux soldats, habitués à vaincre,
    Reviennent tristes, l'œil baissé ;
Et ce César poussif peut, dès lors, se convaincre

Que son astre s'est éclipsé !

Il sent, tout éperdu, que son crime l'enchaîne

    Et l'entrave sur son chemin ;

Il voit dans tous les yeux des flamboiements de haine,

    Feux précurseurs d'un lendemain

Où viendra se briser son front de saltimbanque

    Que surmonte un rouge écriteau,

Et choir sa majesté, dont des billets de banque

    Dans du sang ont teint le manteau !

Il voudrait, secouant le passé qui l'accable,

    En effacer le souvenir,

Et des mains du Destin faire tomber le câble

    Près d'étrangler son avenir !

N'écoutant déjà plus sa tourbe qui le prône

    Pour lui masquer la vérité,

Cet ahuri, qui tremble et se cramponne au trône,

    Se tourne vers la Liberté !

Mais elle, qui se rit de le voir en détresse,

    Lui jette un regard de dédain ;

Et, pour honnir son crime, une voix vengeresse

    Sort de la tombe de Baudin.

Puis, tandis que son ciel prend une sombre teinte,

    Et qu'au cœur la rage le mord,

Toujours le deux Décembre à son oreille tinte

    Ainsi que le glas de la mort !

Furieux, assourdi par ces lugubres notes

    Où son forfait est répété,

Il veut, la bâillonnant, remettre les menottes

    Aux poignets de la Liberté !

Mais, d'abord, il lui faut retremper sa puissance

    Dans le sang de deux nations ;

A quelque grande guerre il doit donner naissance :

    Il guette les occasions.

Dans cet aveuglement dont son crime le frappe,

    Il se décide à tout tenter ;

Et la Prusse aussitôt l'aide à creuser la trappe

    Où le Destin va le jeter !

VI

Il a donc ceint l'épée ; il court à la frontière,

    Où pour lui le sang va jaillir.

Mais, loin de se montrer avec sa mine altière,

    Sombre, en partant il semble fuir ;

Il se soustrait et prend la porte dérobée

    Pour aller aux champs des combats !

On dirait que la nuit, autour de lui tombée,

    S'épaissit devant tous ses pas....

Un frisson subit passe à travers ses vertèbres ;

    Il marche à tâtons, l'œil hagard :

C'est là nuit de Décembre, apportant ses ténèbres,

    Qui vient en remplir son regard !

En vain il se roidit dans la fière attitude

    Que donne le commandement :

Il chancelle ; son pied butte à l'incertitude

    Et le mène à l'effarement !

Telle une vague emporte et roule mugissante

    Le nageur qu'elle va noyer,

Tel, prêt à le frapper, sous sa main menaçante,

    Le Destin le fait tournoyer !

Tandis que l'ennemi le surveille, s'active

    Et se masse en ses mouvements,

Lui, perdu dans sa marche hésitante et craintive,

Eparpille ses régiments

Qui vont tomber aussi, malgré tout leur courage,

Dans les piéges qu'il s'est dressés !

Allons ! fauves Germains, aiguisez votre rage ;

Hors de vos antres bondissez ;

Apprenez-nous comment entre les dents se broie

Un peuple qu'on livre à plaisir;

Accourez ! on vous a préparé votre proie :

Vous n'avez plus qu'à la saisir !

Mars 1873.

VII

SARREBRUCK

Comediante ! Tragediante !

César paraît enfin se dégager de l'ombre :
Trompettes et tambours retentissent dans l'air ;
Le voilà qui s'avance, et son œil terne et sombre
  Semble s'allumer d'un éclair !

Son âme, jusqu'alors, fut sans doute occupée
A mûrir lentement un plan mystérieux ;
Voici l'heure venue : il va, tirant l'épée,
  Frapper quelque coup glorieux !

Non, non ; il se repaît d'une tout autre gloire :

A son goût d'histrion il va l'accommoder,

Et du champ de bataille il fait un champ de foire

    Où son fils devra parader !

Sur un tréteau qu'il dresse il le montre à la France,

Aux applaudissements des pîtres, ses valets ;

Et l'apprenti jongleur, déjà plein d'assurance,

    Joue avec balles et boulets !

Sinistre facétie ! Un horrible acrobate,

Qui se sent perdre pied malgré tous ses efforts,

Veut, pour s'équilibrer, que son héritier batte

    La caisse avec des os de morts !

Cet escroqueur de trône, à l'allure vulgaire,

Compte, pour se tenir au rang des potentats,

Remplacer par le sang qu'il répand dans la guerre

    Le vieux sang des rois qu'il n'a pas !

Comme, dans un verger, un autre abat des pommes

Qui roulent sous les pieds d'un bambin triomphant,

Lui, de l'arbre de vie il fait tomber des hommes,
    Afin d'amuser son enfant !

Ainsi le loup, qui court chasser pour sa pâture,
Apporte, avant d'avoir voulu la déchirer,
Sa proie encor vivante à sa progéniture,
    Qu'il exerce à la dévorer !

Il improvise donc un drame à grand spectacle,
Où la voix du canon mêle son grondement ;
Il le joue à coup sûr, sans craindre qu'un obstacle
    N'en dérange le dénoûment !

Car il n'entreprend pas la tâche trop ardue
D'assaillir des remparts qui pourraient résister :
C'est contre une humble ville, à peine défendue,
    Que ce brave ose se porter !

Sous son regard vitreux, un nombreux corps d'armée,
Grimpé sur des hauteurs, s'acharne à foudroyer
Cette ville, qu'il voit à travers la fumée
    Du feu des obus flamboyer !

Te voilà donc vainqueur, ô César d'aventure !
Mais, quand ses défenseurs ont fui de toutes parts,
Embarrassé devant la ville, ta capture,
    Tu crains d'aborder ses remparts !

Cite donc Sarrebruck comme un titre de gloire !
Redis bien haut ce nom qui te fait triompher !
Qu'il brille au bulletin qu'en ce jour la Victoire
    Est honteuse de parapher !

Sur ce fier bulletin il écrit, sans vergogne,
Que son doux rejeton, d'un air aussi joyeux
Que lorsqu'il chevauchait dans le bois de Boulogne,
    Vit le sang couler sous ses yeux !

Mais écoutez encor ce charlatan insigne,
Pour qui les soldats morts sont de vraies marchepieds :
« Les balles, les boulets, s'abattaient sur la ligne
    « Et s'arrêtaient devant nos pieds ! »

Il ose ainsi montrer Dieu comme son compère
Qui dirige pour lui le dé qu'il a jeté !

Son langage impudent annonce qu'il opère
   Des miracles à son côté !

Et les flatteurs de dire en accents adorables
Que, devant cet enfant qu'ils venaient d'admirer,
Les vieux soldats pleuraient! Taisez-vous, misérables!
   C'est la France qui va pleurer !

Oui, c'est elle qui va pleurer, dans la tempête,
Sur l'honneur de son nom, si grand dans le passé,
Et sur son fier drapeau qui flottait sur sa tête,
   Et que vous avez abaissé !

Mars 1873.

VIII

WISSEMBOURG

Les troupes des Germains, dès longtemps préparées,
Se portent sur trois points, en trois masses serrées,
Marchent à pas furtifs, et, se mettant sous bois,
Se glissent pour pouvoir soudain, de tout leur poids,
Tomber sur nos soldats, qu'écrasera leur nombre.
Tels on voit des chacals, se dérobant dans l'ombre,
S'assurer de leur proie, en leurs instincts prudents,
Et courir l'attaquer des griffes et des dents.

Sans crainte, nos soldats sont, comme d'habitude,

Insoucieux et gais dans leur mâle attitude :

Le rire sur la lèvre et la flamme dans l'œil,

Loin encor de prévoir la douleur et le deuil

Que doit leur apporter une prompte défaite,

Ils sont impatients et se font une fête

Du jour où, dans la lutte, il leur sera permis

D'enfoncer par leur choc les carrés ennemis.

Une division, qu'Abel Doüai commande,

Au pays qui confine à la terre allemande,

Campe sur le Geissberg, où triompha jadis

Hoche, qui vint porter des coups prompts et hardis

A ces mêmes Germains, pour punir leur audace

D'avoir contre la France essayé la menace !

Sachant mieux qu'ici-bas pénétrer l'avenir,

Alors qu'aucun lien ne peut la retenir,

L'âme de ce héros, vers les cieux envolée,

Au-dessus de ce mont doit planer désolée

De voir vers quel abîme ont dirigé leurs pas

Les fils de ceux que lui menait vaincre aux combats !

Cependant fantassins et cavaliers attendent
Que les rangs ennemis à leur regard s'étendent,
Et, comptant de ce mont bientôt faire un volcan,
Par de joyeux propos trompent l'ennui du camp.
Ils contemplent le lieu que le site déroule,
Wissembourg à leurs pieds et la Lauter qui coule
Sous l'ombrage d'un bois dont les arbres mouvants
Sont, comme un éventail, agités par les vents,
Et dont jusque vers eux les brises qui soupirent
Apportent dans les airs les senteurs qu'ils aspirent ;
Et ces braves soldats, qui vont, dans un instant,
Voir s'abattre sur eux la Mort qui les attend,
Sentent avec délice et d'une âme ravie,
Autour d'eux, dans leur sein, s'épanouir la vie !

Mais voici que soudain, à l'heure du repas,
Au moment où les chefs ne le soupçonnent pas,
Aussi prompt que la foudre au milieu des tempêtes,
Un obus, qui fend l'air et siffle sur leurs têtes,
Éclate dans le camp, et chacun est debout !
Chacun, mû par l'ardeur qui dans ses veines bout,

Sans avoir ressenti de subites alarmes,

Prend son harnachement, s'élance avec ses armes ;

Et tous, charmés de voir la lutte commencer,

Regardent où sont ceux qu'ils comptent terrasser.

Des hauteurs de Schwegen, le sombre airain qui tonne

Bombarde Wissembourg.... Le général s'étonne ;

Il sonde devant lui, de son œil inquiet,

L'horizon, tout à l'heure encor calme et muet,

Et voit tout aussitôt, comme une fourmilière,

Sortir de la forêt, qui leur est familière,

Des ennemis nombreux, toujours se succèdant,

Et dirigeant un feu de plus en plus ardent

Sur la ville, qui peut être bientôt bloquée.

Il envoie au secours de la place attaquée ;

Mais ces vaillants soldats marchent un contre dix....

N'importe ! ils vont toujours, impétueux, hardis,

Se heurter au rempart de ces masses humaines

Qu'épaississent encor les phalanges germaines.

Le canon crache en vain la mitraille contre eux :

Ils avancent toujours, et, toujours valeureux,

Tentent de pénétrer dans ces rangs innombrables,
Constamment plus serrés et presque invulnérables....
Et cependant voilà qu'ils les ont enfoncés !
Sur les canons hurlants ils se sont élancés,
Et, lorsque de leur bruit tressaille encor la terre,
Les serrant de leurs bras, les forcent de se taire !

Ils gagnent du terrain sans jamais en céder.

.   .   .   .

Le grand nombre, à la fin, les fait rétrograder ;
Ils reculent, mais fiers, en redressant la tête,
Et traînant avec eux le bronze, leur conquête ;
Puis, s'étant ralliés, rapides, furibonds,
Ils revolent encore et par sauts et par bonds,
La baïonnette en main, et la flamme au visage,
A travers l'ennemi se frayer un passage !

Parmi ces fiers soldats qui courent indomptés
Figurent les Turcos, dignes d'être cités :
Ces frères adoptifs, qui, luttant avec rage,
Dans leurs cœurs africains portent notre courage,

3.

Comme l'ardent simoun, pourchassent devant eux
L'ennemi, qui croit voir son triomphe douteux.
Par l'aspect qu'offre à l'œil leur forme originelle,
Par leur face cuivrée et leur fauve prunelle,
Ils jettent l'épouvante aux cœurs des Allemands ;
Et, poussant au départ de vrais rugissements,
S'abattent, à travers tout le sang qu'ils répandent,
Sur les canons braqués, auxquels ils se suspendent
Par les mains, par les dents, afin de les ravir
Aux soldats qui contre eux viennent de s'en servir ;
Et même quelques-uns, tout couverts de blessures,
Sur l'airain en râlant impriment leurs morsures !

Mais, devant cette armée au nombre grossissant,
Tant d'héroïsme doit demeurer impuissant :
Cette masse, qui fut un instant ébranlée,
Se rassure, et, roulant sa vague amoncelée,
Est près d'envelopper ces lutteurs obstinés,
Contre l'arrêt du sort vainement mutinés ;
Il leur faut lâcher pied et fuir... c'est la déroute ;
Et de morts en fuyant ils parsèment leur route.

Abel Douai, témoin de ce sublime effort,

Ne voyant d'aucun point lui venir du renfort,

Suffoqué par les pleurs où son regard se noie,

Sent que dans son cerveau le désespoir tournoie,

Et, tout à la douleur dont son corps a frémi,

Court offrir sa poitrine aux coups de l'ennemi !

Il sait qu'en ce moment la France le contemple :

Il veut, aux yeux de tous, prouver par son exemple

Que, lorsqu'on ne peut vaincre, il faut savoir mourir !

Il est mort ! ·Mais son nom ne devra point périr :

Le héros perce encore à travers la victime ;

Si ce n'est à la gloire, il a droit à l'estime ;

Et, faute des lauriers qu'eût mérités son front,

Sous nos larmes pour lui les cyprès verdiront

Dans Wissembourg, luttant encor, de rue en rue,

Contre la même foule incessamment accrue,

Nos soldats, épuisés, quoique jamais soumis,

Sont contraints de laisser la ville aux ennemis,

Qui, fiers d'avoir un pied sur notre territoire,
Par de bruyants hourras célèbrent leur victoire !

Ce triomphe, ô Germains, fut vraiment éclatant,
Alors que vous étiez dix contre un combattant !
Conquise par la force et non par le courage,
La Victoire a rougi de subir cet outrage !!!

Mars 1873.

IX

WŒRTH

I

Voilà qu'elle tournoie au vent de la défaite
La France qui, jadis, avait atteint le faîte
        De toutes les grandeurs !
Elle va donc tomber de cette haute cime
Et voir, pleurant ses fils, que le canon décime,
        S'éteindre ses splendeurs !

Après Wissembourg, Wœrth ! Toujours la multitude
Guettant le petit nombre, et, selon l'habitude,

Se glissant dans les bois, ainsi que des serpents !

La Force vient encore écraser la Vaillance,

Qui se roidit toujours contre la défaillance,

Et tient, dans les combats, la victoire en suspens !

Accouru de Strasbourg, l'âme sombre, alarmée,

Mac-Mahon réunit, pour se faire une armée,

  Trente mille soldats.

Mais les Germains, alors, sont cent soixante mille,

Qu'à des troupeaux de loups leur instinct assimile,

  Et qui pressent le pas !

N'importe ! Nos guerriers contre une telle masse

Vont encor compenser le nombre par l'audace,

Bravement affronter les coups de l'agresseur,

Le visage sanglant, la poitrine meurtrie,

Disputer pied à pied le sol de la patrie

Et faire frissonner le flot envahisseur !

II

L'aube vient d'empourprer le ciel ; la fusillade

Remplit soudain les airs de son crépitement ;

Sur deux monts à la fois, l'ardente canonnade

Jette à tous les échos son retentissement :

Pareils à deux volcans qui grondent et fulminent,

Gœsdorff et Gunstett font de leurs sommets boisés

Jaillir de vifs éclairs, dont les cieux s'illuminent,

Et pleuvoir dans le camp des boulets embrasés.

C'est l'attaque : aussitôt les nôtres y répondent,

Leurs yeux sont flamboyants ; d'un élan furibond,

Sur la ligne ennemie ils se jettent, ils fondent :

On dirait, à les voir, qu'ils n'ont fait qu'un seul bond

A travers les obus, les balles, la mitraille,

Tant ils sont arrivés promptement aux Germains,

Dont ils percent bientôt la vivante muraille

Et parcourent les rangs par de sanglants chemins.

Baïonnette en avant, tête droite, intrépide,
Chacun de nos héros, piétinant les sillons,
Court en zigzag, ainsi que la foudre rapide,
Et troue, en tous les sens, les épais bataillons !

III

Le chef, tout radieux de voir cette poignée
De braves refouler ces assaillants nombreux,
Comme le bûcheron, armé de sa cognée,
Ebranle la forêt sous ses coups vigoureux,
N'est pas moins inquiet ; et son long regard plonge
Dans le lointain qui doit lui montrer des soldats ;
Mais plus vive toujours la lutte se prolonge,
Et, pour le secourir, de Failly ne vient pas !

Cependant l'ennemi veut couper notre armée ;
Il a passé la Sauer et sur Wœrth s'est jeté ;
Deux fois il s'en empare, et, de rage enflammée,
Notre troupe deux fois l'en chasse culbuté !

Ce sont bien là les fils d'une race invincible,

Que les plus grands périls ne purent que grandir,

Et qui, dans tous les temps, a changé l'impossible

En de hauts faits qu'on voit encore resplendir !

Mac-Mahon craint pourtant; son regard fiévreux plonge

Dans le lointain qui doit lui montrer des soldats;

Mais plus vive toujours la lutte se prolonge,

Et, pour le secourir, de Failly ne vient pas !

Les rangs des Allemands sans cesse se grossissent

De soldats accourus tout frais et tout dispos;

Les nôtres tiennent bon ; fermes, ils se roidissent,

Décidés à lutter sans trêve ni repos.

Leur âme est indomptable; et, bien loin qu'ils s'épuisent

A tendre les ressorts de leur mâle vigueur,

Quand le péril s'accroît, il semblerait qu'ils puisent

Plus de force en leur corps, plus d'élan en leur cœur !

Tel un lion blessé, que les balles harcèlent,

S'élance formidable au-devant des chasseurs,

Tels, mus par la fureur dont leurs yeux étincellent,
Ils courent bondissants contre leurs agresseurs.

Mac-Mahon est troublé; son regard encor plonge
Dans le lointain qui doit lui montrer des soldats,
Mais plus vive toujours la lutte se prolonge,
Et, pour le secourir, de Failly ne vient pas !

C'est un combat sans fin, une horrible mêlée,
Qui jette sur les fronts sa sinistre pâleur,
Où sous l'airain tonnant la terre est ébranlée,
Où le nombre ne peut écraser la valeur !
Tous nos guerriers sont pris d'un sublime vertige :
Nul obstacle à leurs yeux qu'ils ne puissent franchir;
Ils sont sûrs qu'en leurs rangs la Victoire voltige...
Mais, hélas ! tout à coup ils se sentent fléchir...

Mac-Mahon en frémit, son regard toujours plonge
Dans le lointain qui doit lui montrer des soldats ;
Mais en vain maintenant la lutte se prolonge ,
Pour lui porter secours, de Failly ne vient pas !

Nos braves ont plié sous une autre avalanche

De bataillons germains qui se sont élancés

Contre Wœrth, où, malgré la lutte à l'arme blanche,

Ils ont pu pénétrer et les en ont chassés.

Les vaincus, à la voix de leurs chefs qui l'ordonnent,

Reculent, mais en ordre et toujours disputant

Pied à pied le terrain qu'il faut qu'ils abandonnent,

Et chargeant les vainqueurs encore à tout instant.

Mac-Mahon désespère : en vain son regard plonge

Dans le lointain qui doit lui montrer des soldats ;

Par un dernier effort la lutte se prolonge,

Et, pour le secourir, de Failly ne vient pas !

De Failly ne vient pas, et nos fiers enfants meurent !

Jusque dans Frœschviller les voilà refoulés...

En vain Raoul, Lartigue, en résistant, demeurent

Devant des bataillons toujours renouvelés :

Il faut qu'ils lâchent pied, qu'ils battent en retraite ;

Et Raoul est tombé, frappé mortellement...

Devant lui l'ennemi n'a plus rien qui l'arrête ;

C'est la déroute avec tout son effarement !

Mac-Mahon voit, après la bataille acharnée,

Ses régiments épars sombrer dans la terreur ! ! !

L'armée, au centre, à gauche, est près d'être cernée ;

Lui-même alors pâlit de crainte et de fureur.

Il appelle aussitôt, en ce péril extrême,

Ses vaillants cuirassiers, que l'on voit accourir,

Et qui, fiers, résolus, à la charge suprême

S'élancent pour sauver l'armée, et pour mourir !

Avril 1873.

X

LES CUIRASSIERS DE REISCHOFFEN

Mac-Mahon leur a dit : « Enfants, sauvez l'armée !
« Sans vous, elle a bientôt la retraite fermée ;
« Courez, le sabre au poing, au devant des canons !
« Pour l'absorber sur vous, plongez dans cet orage
« Que l'airain fait tonner contre notre courage,
« Et la France, demain, célébrera vos noms ! »

Et sur leurs étriers ces soldats de la France
Se sont dressés, et, pleins d'une mâle assurance,

Ont brandi sur leurs fronts leurs glaives flamboyants.

Puis, sous l'horrible bruit qu'un sombre écho répète,

Tous ils se sont jetés au sein de la tempête,

    A travers ses coups foudroyants !

Leurs fiers coursiers ont l'air, par leurs naseaux qui fument

Et leurs yeux expressifs, dont les orbes s'allument,

D'aspirer en leurs flancs l'ardeur qui brûle en eux ;

Et l'éclat scintillant des casques, des cuirasses,

Lance, comme un éclair prolongé sur leurs traces,

Dans un noir tourbillon un sillon lumineux.

Ils courent, franchissant des fossés, des ornières,

Sur un sol inégal, coupé de houblonnières,

Où sont des tirailleurs de tous côtés blottis ;

Et les balles, criblant ces cavaliers superbes,

Et les obus tombés pour éclater en gerbes,

    En font un immense abatis !

Sous ce feu meurtrier, bien loin qu'ils se replient,

Fermes, les survivants aussitôt se rallient,

Et font une autre charge avec le même entrain !
Leur troupe par le fer est encor décimée :
Ils n'en courent pas moins dans l'épaisse fumée
Sabrer les ennemis qui perdent du terrain.

Résolus à mourir, ils fondent avec rage
Sur les Germains restés, devant un tel courage,
Pâles et l'œil rempli d'un sombre étonnement !
Bien que de plus en plus leur nombre diminue,
D'un élan aussi prompt la charge continue
        Par un incessant ralliement !

Tel un vaisseau brisé, quand la mer tourbillonne,
Tour à tour plonge et monte avec l'eau qui bouillonne,
Pour ne laisser bientôt qu'une épave au courant,
Telle cette phalange, une fois entamée,
S'amoindrissant toujours, et toujours reformée,
Sort en un vain débris de ce feu dévorant !

Sans pouvoir, désormais, prolonger la bataille,
Trente-neuf sont restés debout sous la mitraille

A laquelle ils couraient si noblement s'offrir !

Les autres sont tombés, bien dignes de nos larmes,

Donnant, pour la retraite, à leurs compagnons d'armes

    Le temps qu'ils mettaient à mourir !

Inclinons-nous devant ces vaillantes victimes,

Arrosons leurs tombeaux de nos pleurs légitimes,

Et jurons haine ouverte aux sacrificateurs !

Pour nous ces fiers soldats leur ont livré leur vie :

Aussi, quoique vaincus, leur mort les glorifie

Et les place plus haut que des triomphateurs !

Alors, assurément, flottaient dans leur pensée

Les doux traits d'une mère ou d'une fiancée ;

Mais ils n'ont voulu voir que nos champs envahis !

Ces sentiments du cœur, qui le font toujours battre,

Sont venus s'abîmer, au moment de combattre,

    Dans leur amour pour le pays !

Par ces héros la France en succombant rayonne ;

Aussi qu'en leur honneur surgisse une colonne,

Telle qu'on en élève aux heureux conquérants,

Où soldats, officiers et jeunes volontaires

Mêlent leurs noms inscrits en mêmes caractères;

Puisque pour eux la gloire a nivelé les rangs !

Et, lorsqu'au jour voulu notre haine altérée

Aura bu la vengeance avec l'eau de la Sprée,

Nous viendrons rendre hommage à leur beau dévoûment,

Nos chants rappelleront leur glorieuse histoire,

Et des récents lauriers dus à notre victoire

    Nous ornerons ce monument !

      Avril 1873.

XI

PAUVRE ALSACE

C'est donc vrai ? Ce n'est pas un rêve :
Après une lutte sans trêve,
Pauvre Alsace, tu sens le sabre des Germains
Qui va de son tranchant t'arracher à nos mains !

La Guerrière si renommée,
Que décoraient tant de chevrons,
Voit, en ce moment, son armée
Vaincue, et ses soldats fuir en courbant leurs fronts !

La déroute accourt, effarée,

Mêlant, poussant de toutes parts,

A travers toute la contrée,

Affûts, caissons, chevaux et régiments épars!

C'est vrai! Ce n'est pas un rêve:

Après une lutte sans trêve,

Pauvre Alsace, tu sens le sabre des Germains

Qui va de son tranchant t'arracher à nos mains!

Et les canons, ces porte-foudre,

Dont le grondement a cessé,

Mutilés, noircis par la poudre,

Sans éclairs dans leurs flancs, s'en vont le cou baissé.

Ne flottant plus sur notre tête,

De sa hampe notre drapeau,

Qui nous menait à la conquête,

Pend et rase le sol de son dernier lambeau!

C'est trop vrai! Ce n'est pas un rêve:

Après une lutte sans trêve,

Pauvre Alsace, tu sens le sabre des Germains
Qui va de son tranchant t'arracher à nos mains !

C'est la fuite sombre, éperdue,
Des cavaliers, des fantassins
Dont la foule va, confondue,
Comme sous l'aquilon un tourbillon d'essaims ;
Ce sont des pleurs, des cris de rage
Que ne peuvent point étouffer
Ces fiers soldats dont le courage
Cède à ceux que le nombre a seul fait triompher !

C'est trop vrai ! Ce n'est pas un rêve :
Après une lutte sans trêve,
Pauvre Alsace, tu sens le sabre des Germains
Qui va de son tranchant t'arracher à nos mains !

Et cette fuite continue ;
Ils marchent, ils marchent toujours,
Le regard fixé vers la nue
Où se sont éclipsés tant de radieux jours !

Ils passent comme une avalanche!

Les Vosges et leurs défilés

Offrent en vain une revanche

A tous ces braves cœurs dans la nuit refoulés!

C'est trop vrai! Ce n'est pas un rêve :

Après une lutte sans trêve,

Pauvre Alsace, tu sens le sabre des Germains

Qui va de son tranchant t'arracher à nos mains!

Ainsi le désespoir emporte

Ceux qui n'ont pu te protéger;

Et sur toi s'épand de la sorte

Le flot envahisseur qui va te submerger.

Pour amener ta défaillance

Ces bandits s'arment de fureur :

Ne le pouvant par la vaillance,

Ils veulent conquérir tes fils par la terreur!

C'est trop vrai! Ce n'est pas un rêve :

Après une lutte sans trêve,

Pauvre Alsace, tu sens le sabre des Germains
Qui va de son tranchant t'arracher à nos mains !

Mus par l'ambition qui trace
La route à leurs pas triomphants,
Au nom de leur antique race,
Ils ont revendiqué tes généreux enfants ;
Et, les saisissant à la gorge,
Ils ont un argument puissant,
Alors que leur fer les égorge
Pour leur mieux démontrer qu'ils sont du même sang !

C'est trop vrai ! Ce n'est pas un rêve :
Après une lutte sans trêve,
Pauvre Alsace, tu sens le sabre des Germains
Qui va de son tranchant t'arracher à nos mains !

T'incorporer à sa patrie,
Voilà ce que veut le vainqueur !
Fouillant ta poitrine meurtrie,
Il aurait plus tôt fait d'en extirper ton cœur !

Il t'y liera par une chaîne ;

Mais ce qui t'en séparera,

Ce sera l'implacable haine

Qui contre lui toujours dans ton sein grondera !

C'est trop vrai ! Ce n'est pas un rêve :

Après une lutte sans trêve,

Pauvre Alsace, tu sens le sabre des Germains

Qui va de son tranchant t'arracher à nos mains !

Et jamais vous ne ferez taire

Cette haine, ô fiers Allemands :

Plus vous foulerez cette terre,

Plus vous y semerez de noirs ressentiments ;

Il faudra que votre effort tombe

Sous le poids de son insuccès :

Kleber, Kellermann, de la tombe

Surgissent pour crier : « Ici l'on est Français ! »

C'est trop vrai ! Ce n'est pas un rêve :

Après une lutte sans trêve,

Pauvre Alsace, tu sens le sabre des Germains
Qui va de son tranchant t'arracher à nos mains !

    La France, qui reste ta mère,
    A dans les yeux des pleurs brûlants ;
    Et, si la destinée amère,
La force à comprimer d'impétueux élans,
    Un jour, ainsi que la lionne,
    Qui bondit contre le chasseur,
    Sous la fureur qui l'aiguillonne,
Elle courra sauter au cou du ravisseur !

    Alors nous tirerons le glaive ;
    Nous lutterons pour toi sans trêve ;
Nos coups ébrécheront le sabre des Germains,
Et, vainqueurs, nous pourrons t'arracher à leurs mains !

      Avril 1873.

XII

FORBACH

I

O noble France, grâce à tes fils intrépides,
Les victoires, jadis, en se suivant rapides,
Tournaient autour de toi dans leur rayonnement ;
Et ton front, au-dessus de ces Sœurs immortelles,
Par l'éclat lumineux que tu recevais d'elles,
Donnait au monde entier un éblouissement.

On dirait, aujourd'hui, que, sous un ciel qui gronde,
Pour t'emporter bientôt dans leur sinistre ronde,

Les défaites vers toi se hâtent d'accourir,

Et que, par leur aspect, te poussant au vertige,

Elles veulent dans l'ombre engloutir le prestige

De ton nom, qui pourtant ne doit jamais périr.

Tandis qu'à Wissembourg, à Wœrth, le sort des armes

Répandait dans ton cœur les plus sombres alarmes,

La Fortune, à Forbach, trahissait ta valeur !

On croirait qu'elle veut, en ce jour, mutinée

Contre ton bras qui l'a trop longtemps enchaînée,

A tes prospérités mesurer ton malheur !

Ici, comme là-bas, dans leur instinct sauvage,

Les Teutons, respirant le meurtre et le ravage,

Pour nous mieux égorger sont venus par les bois ;

Et là, dans le taillis, sous l'épaisse feuillée,

Ne craignant point de voir leur troupe mitraillée,

Ils ont pu, sans lutter, accomplir leurs exploits !

Mais la guerre n'est pas l'éternelle embuscade,

Où le soldat subtil, ainsi qu'une muscade,

S'escamote toujours en face du péril :

C'est la lutte qu'éclaire un flamboiment d'épée,

Et que tout combattant, la main de sang trempée,

Anime de l'ardeur de son élan viril !

Ce mâle enivrement que donnent les batailles,

Où l'on fait et reçoit de profondes entailles,

O lourd peuple allemand, tu ne le connais pas !

Le courage guerrier n'est chez toi qu'un faussaire :

Tu te mets à l'affût contre ton adversaire,

Et, sans qu'il t'ait pu voir, sous le plomb tu l'abats !

Ajoute donc Forbach à tes titres de gloire !

Moi, je vais t'attacher au poteau de l'histoire,

De peur que les esprits ne restent en suspens ;

Et pour venger les fils de notre vieille Gaule,

Mon vers, comme un fer chaud, te marquera l'épaule

Des lettres dont s'écrit ce lâche guet-apens !

II

Frossard vient de quitter les hauteurs qui dominent

Sarrebruck, d'où bientôt ses soldats s'acheminent

Vers l'Alsace, qu'il faut disputer au Germain.

On marche, on s'accélère, et, dès le lendemain,

Laveaucoupet occupe, avec ses batteries

Et quelques régiments de troupes aguerries,

Le plateau Spickeren, dont la position

Peut protéger Forbach contre une irruption,

Et que de tous côtés un grand bois environne.

Non loin est un vallon qu'une forêt couronne :

Là, Bataille et Vergé campent en même temps.

Mais Steinmetz tout à coup lance ses combattants :

Couverts par leurs canons, ils traversent la Sarre

Et, sous le bois épais qui de nous les sépare,

Attaquent le plateau de leurs fe.. incessants ;

Puis, autour du vallon, les taillis adjacents

S'allument des éclairs d'une décharge horrible

Qui couche sur le sol nos guerriers et les crible.

Nos régiments, surpris, ripostent sans succès :

Jusqu'à leurs agresseurs leurs coups n'ont pas accès ;

Et ces lâches vainqueurs, sans que puissent combattre

Ceux que traîtreusement leurs balles vont abattre,

Font que le fusil Dreise imite dans leurs mains

L'escopette braquée au bord des grands chemins ;

Et leur chef glorieux sans doute se rengorge

D'avoir ainsi changé la guerre en coupe-gorge !

Cependant, en voyant nos soldats recevoir

Cet ouragan de fer, et ne pas s'émouvoir,

Les Germains, désireux de hâter leur victoire

Et d'avancer encor sur notre territoire,

Ne peuvent plus longtemps se soustraire au danger,

Et gagnent le plateau pour les en déloger.

Mais nos braves soldats sur l'ennemi visible

Se précipitent tous d'un élan invincible,

Et le forcent bientôt à rentrer dans les bois

Comme un troupeau de loups qui se sent aux abois !

Mais la Mort voit toujours sa proie amoncelée

Par les balles sifflant à travers la vallée.

Devant un tel péril Vergé ne peut souffrir

Que les siens soient vaincus presque sans coup férir :

Sur son ordre, aussitôt, quatre régiments courent

Débusquer l'ennemi des bois qui les entourent :

Furieux, résolus et plus prompts que le vent,

Ils volent, l'œil en feu, baïonnette en avant ;

Mais devant eux partout des fusils braqués brillent ;

Dans les taillis profonds les Allemands fourmillent,

Et font avec fracas flamboyer un enfer !

D'un arbre à l'autre ils ont tendu des fils de fer

Pour se mieux garantir contre toute surprise.

Aussi nos fiers soldats, dont tout l'effort se brise,

Arrêtés aussitôt, frappés à bout portant,

Tombent ou sont forcés de fuir en emportant

Dans leurs cœurs, vainement animés de courage,

Le désespoir amer d'une impuissante rage !

Et sur le Spickeren et dans ce noir vallon,

Le souffle de la Mort, tel qu'un sombre aquilon,

Chassant dans l'air le plomb en grêle meurtrière

Et sévissant partout, en avant, en arrière,

Abat toujours tes fils, ainsi que des blés mûrs,

O France, et constamment Forbach garde en ses murs

Frossard, qui ne vient pas secourir son armée

Dans ce cercle de feu par degrés consum.

Cependant l'ennemi, dont le nombre est accru,

Devant le Spickeren a soudain reparu :

Furieuse est l'attaque, âpre est la résistance !

Nos braves régiments luttent avec constance,

Fondent sur les Germains et les font reculer.

Les rangs de ceux-ci, prompts à se renouveler

Par d'autres combattants, qui toujours se succèdent,

Reprennent aussitôt tout le terrain qu'ils cèdent,

Et le sang coule à flot ; et, pris d'un noir frisson,

Laveaucoupet s'irrite et scrute l'horizon ;

Mais il ne voit aucun de ses compagnons d'armes

Venir par un secours dissiper ses alarmes :

Frossard reste à Forbach ; Bazaine n'accourt pas !

Entraînant de la voix ses soldats sur ses pas,

Doëns, qui va semer l'effroi sur son passage,

Tombe percé de coups ; et son mâle visage,

Qui même sous la mort reflète son grand cœur,

Semble encor menacer son farouche vainqueur !

Pour voir sa brave armée à ce péril soustraite,

Frossard envoie enfin l'ordre de la retraite ;

Mais ces vaillants soldats veulent encor lutter,

Et contre le destin par leur sang protester !

Vain héroïsme ! il faut qu'ils cèdent sous le nombre,

Et la nuit vient couvrir leur fuite de son ombre !

. . . .

. . . .

Quand l'aube a reparu, les Allemands, joyeux,

Savourent le carnage étalé sous leurs yeux...

Vous pourriez voir alors le Borusse féroce

Bondir, et, triomphant, frapper à coups de crosse

Les blessés et les morts qu'il ose mutiler,

Mais qui, s'ils se dressaient, le feraient reculer !

Soyez fiers, ô Teutons, d'une telle victoire !

Votre sauvage instinct n'en est que plus notoire,

Alors que vous avez, sans honte et sans remords,

Égorgé les vivants et mutilé les morts !

Avril 1873.

XIII

LE TAMBOUR DU SPICKEREN

Quand, sous la sombre destinée,

Nos soldats, se voyant perdus,

Du Spickeren sont descendus,

Une compagnie, obstinée,

Epuise ses derniers efforts

A mourir pour venger ses morts;

Et le tambour, de long en large,

Va, vient, battant toujours la charge !

Vainement la retraite sonne

Aux oreilles de ces héros,

Qui combattent sans généraux :

Plus la mort frappe et les moissonne,

Plus dans le sang de l'étranger

Leur fureur veut se submerger ;

Et le tambour de long en large,

Va, vient, battant toujours la charge !

La mort est leur seule espérance ;

Mais l'héroïsme de leurs cœurs

Plane au-dessus de leurs vainqueurs !

Par de tels soldats notre France,

Dans son subit abaissement,

Garde encor son rayonnement ;

Et le tambour, de long en large,

Va, vient, battant toujours la charge !

Sous les balles ces braves tombent :

Imdomptable, tout survivant

, N'en vole pas moins en avant !

Lorsqu'ainsi leurs forces succombent,

Sans cesse grandit leur valeur,

Qui veut tenir tête au malheur !

Et le tambour, de long en large,

Va, vient, battant toujours la charge !

Réduits à quinze pour combattre,

Puis à dix, sans jamais plier,

Ils semblent se multiplier ;

Le plomb vient aussi les abattre.

Un seul pourtant, dont le sang bout,

Fusil en main, reste debout ;

Et le tambour, de long en large,

Va, vient, battant toujours la charge !

C'est leur père, un vieux capitaine :

Il porte en lui l'âme en courroux

De tous ses enfants morts pour nous :

Ce brave à la mine hautaine,

Dont l'arme fait flamboyer l'air,

Tombe avec un dernier éclair !

Et le tambour, de long en large,

Va, vient, battant toujours la charge !

Devant l'ennemi qui s'approche,

Sa caisse ne s'interrompt pas,

Et lui marche du même pas ;

Le cœur ferme comme une roche,

Le front éclaboussé de sang,

Il se redresse menaçant,

Et va toujours de long en large,

Battant, battant encor la charge !

Les soldats germains, qui s'étonnent

De voir ce jeune audacieux,

Sont quelque temps silencieux,

Puis courent à lui, l'environnent,

Et, comme de nobles vainqueurs,

Lui lancent leurs rires moqueurs ;

Mais, n'allant plus de long en large,
Il bat et bat encor la charge !

Et pourquoi donc bats-tu la charge,
Lui demande alors en français
'n chef, tout fier de ce succès ?
Levant un bras : « Passez au large !
« Répond-il, ô vils égorgeurs,
« Je bats pour nos futurs vengeurs ! »
Il dit, et, rebattant la charge,
Il tombe sous une décharge !

Avril 1873.

XIV

FAUSSE JOIE

Tandis que la frontière est chez nous entamée,
Et qu'on goûte, à Berlin, la gloire en sa primeur,
Dans les murs de Paris, soudain la Renommée
        Jette une joyeuse clameur !

Cette clameur annonce un grand fait militaire :
Nous avons capturé vingt-cinq mille Germains ;
Et le fils de leur chef, le prince héréditaire,
        Est aussi tombé dans nos mains !

Un vif enthousiasme alors partout éclate ;

Partout on applaudit à cet événement;

Un tel triomphe donne à notre orgueil, qu'il flatte,

    Les transports de l'enivrement.

Les maisons aussitôt sont toutes pavoisées

De drapeaux surmontés de fleurs et de lauriers ;

La foule, dans la rue, aux portes, aux croisées,

    Crie, entonne des chants guerriers !

La joie en tous les cœurs en arrive au délire :

Ce sont de longs vivat sans cesse répétés ;

Dans les yeux, sur les fronts, la fierté peut se lire ;

    Et nos soldats sont exaltés !

Le glorieux espoir que leur succès inspire,

Comme un vin généreux, monte à tous les cerveaux :

On croit que le passé, qu'a décoré l'empire,

    Renaît avec les temps nouveaux,

Et qu'un Napoléon, qu'adopte la Victoire,

Va, tenant du premier son glaive redouté,

Ebrécher largement pour nous le territoire
      De l'Allemand épouvanté !

Mais ce Napoléon n'est qu'un César postiche
Et qu'un pleutre grimé sous des airs arrogants,
Qui se pose en grand homme et devient un fétiche
      Pour la tourbe des intrigants !

Ce fétiche s'impose à toi, ma noble France !
Et pourtant, comme un cri de gloire a retenti,
Tu crois voir sur ce nain grandir ton espérance ;
      Mais la Renommée a menti !

Et sa grande clameur, dont notre orgueil se hausse,
S'éteint soudain, ainsi qu'en l'air crève un ballon ;
Et, rêve décevant, cette victoire est fausse
      Comme ce faux Napoléon !

Alors sont enlevés drapeaux et banderoles
Dont les plis et nos cœurs ensemble palpitaient,
Et l'on fait succéder de sinistres paroles
      Aux chants qui partout éclataient !

Ce triomphe fameux devient une défaite
Qu'en un torrent de sang il nous faudra laver ;
Et c'est un jour de deuil, au lieu d'un jour de fête,
    Qui pour nous vient de se lever !

Comme un flot orageux, la vague populaire
S'agite et sent sur elle un long frémissement,
Alors qu'au désespoir se mêle la colère
    Dont s'entend le sourd grondement !

Dans les cœurs brisés règne une angoisse infinie :
De tout l'espoir déçu s'accroît notre malheur ;
Chacun maudit le sort dont la sombre ironie
    Sous la joie a mis la douleur !

Mais ce n'est point du sort que nous vient cette injure :
O peuple, dont le nom veut dire loyauté,
Du jour où tu fléchis sous le joug d'un parjure,
    Le Mensonge t'a garrotté !

Il te tient, te régit, te conduit vers le gouffre
Où va périr ta gloire après ta liberté,

Et fait à ton regard, pour que ton cœur en souffre,
    Resplendir la prospérité !

Puisque tu pus laisser mettre un pied sur ta nuque
A ce pygmée hideux en son hébétement,
Il te faut bien, avec cet empereur eunuque,
    Rouler dans cet abaissement !

Tu permis que chez toi se couronnât le Crime ;
Tu supportas, vingt ans, sa domination :
Il t'entraîne, aujourd'hui, de sa main qui t'opprime,
    Dans sa propre expiation !

Il dépouillera, lui, sa majesté grotesque ;
Ce rabougri fera la chute d'un géant :
D'un coup de son talon, le monarque tudesque
    Le renverra dans le néant !

Mais toi, dans le malheur, dont le feu purifie,
Tu sentiras, un jour, tes forces revenir ;
Tu te relèveras, et, rayonnant de vie,
    Tu marcheras à l'avenir !

          Avril 1873.

XV

CRI D'ALARME

Après tant de grands jours prospères,
Qu'a produits ta mâle vertu,
O belle France de nos pères,
En ce moment que deviens-tu ?
Que devient cette renommée
Qui toujours, devant ton armée,
Epouvantait tes ennemis ?
Et cette épée étincelante

Qui sous tes pieds tint pantelante

L'Europe avec ses rois soumis ?

Tes hauts faits, ainsi que des phares,

Illuminaient tout ton chemin ;

Au bruit d'éclatantes fanfares,

Tu t'avançais le glaive en main !

Et les Nations, attentives,

Epiaient, sans cesse craintives,

Le feu flamboyant sous tes cils ;

Et, comme au vent de la tempête,

Toutes tremblaient, baissant la tête,

Au froncement de tes sourcils !

Imposant tes ordres suprêmes,

Ton bras agrandissait tes droits :

A son geste, les diadèmes

Vacillaient sur le front des rois ;

Sous les ailes de la Victoire,

Fière, tu marchais dans la gloire

Que l'on ne te disputait pas ;

Et, pour arrêter ton tonnerre,

Il aurait fallu que la erre

Manquât soudain devant tes pas !

Telle on a vu ta destinée

Qui fit ton rôle si puissant !

Et te voilà découronnée

De ce prestige éblouissant :

Dans les combats qui se succèdent,

Tes défenseurs constamment cèdent

Devant les Germains triomphants !

Ils ne sont donc plus de la race

De ceux dont resplendit la trace ?

Ils ne sont donc plus tes enfants ?

Le sang qui coule dans leurs veines

Cesse donc d'être généreux ?

Mais non, non ; ces plaintes sont vaines :

Le malheur s'est jeté sur eux !

Ces soldats sont encor des braves

Qui n'ont point connu les entraves

Que vient mettre la lâcheté !

Toujours fiers dans leur attitude,

Ils ont contre la multitude
Brisé leur intrépidité !

C'est ainsi que d'un regard sombre
Tu vois, Mère, tes fils battus :
Mais, se heurtant contre le nombre,
Leurs cœurs n'étaient point abattus!
C'est ainsi que, dans les alarmes,
En frémissant tu sens les larmes
Qu'aux yeux fait monter un affront,
Et que, jadis si glorieuse,
Toi, la grande victorieuse,
Aujourd'hui, tu courbes le front!

Mais voici que tu le relèves
Pour lutter contre le Destin ;
Devant cette forêt de glaives
Tu vas marcher d'un air hautain !
Si, pourtant, tu ne dois pas vaincre,
Les Teutons pourront se convaincre
De ton indomptable valeur;
Malgré leur morgue triomphante,

Dans ta chute leur épouvante
Verra se préparer la leur !

Comme, sous le fer qui l'émonde,
Le chêne, où nous nous ombrageons,
Fait avec sa séve féconde
De ses blessures des bourgeons ;
Ainsi, trompant leur noire envie,
Tu renouvelleras ta vie
Sous la main de tes égorgeurs ;
Et, dans cette hétacombe immense,
Ton sang deviendra la semence
Qui centuplera tes vengeurs !

Mai 1873.

XVI

AU BORD DU GOUFFRE

La grande Nation, dont la vaillante armée
A jusqu'à ce moment lassé la Renommée
A lui faire emboucher pour elle ses clairons,
Voit donc ses régiments et ses fiers escadrons
Contraints, un contre dix, de fléchir sous le nombre ;
Et la sombre défaite a jeté comme une ombre
Sur l'éclat lumineux d'un glorieux passé !...
Son courage pourtant s'est encor surpassé !...

Oui, l'indomptable France, en cet instant trahie
Par le sort qui permet qu'elle soit envahie,
A toujours des enfants qui, par leurs nobles cœurs,
S'élèvent, en tombant, au-dessus des vainqueurs!

Mais voici Wissembourg, Wœrth, Forbach, noms funèbres,
Qui semblent tout à coup voiler sous des ténèbres
Valmy, Jemmape, Arcole, Austerlitz, Iéna,
Et tous les noms fameux dont son front rayonna !

Aussi, dans sa douleur, cette mère, féconde
En héros dont les pas ont ébranlé le monde,
Sent courir sur son corps un long frémissement
D'avoir vu s'éclipser soudain au firmament
L'astre dont s'éclairait sa glorieuse route,
Et d'entendre monter les cris de la déroute...
Elle s'indigne, et veut, par un sublime effort,
Chasser l'envahisseur qu'un hasard rend plus fort,
Et qui, tout en montrant une morgue importune,
Ne peut croire lui-même à sa haute fortune.
A cette heure, elle entend, pour braver le danger,
Se soustraire à la main qui la veut diriger :

Elle a des soubresauts d'une sombre colère ;
Et bientôt, au bruit sourd de la voix populaire,
Celui qui l'a soumise à force d'attentats,
Le Franconi fourbu qui mène ses soldats,
S'éloigne de l'armée ; et ce grand capitaine
Consent à s'abriter sous le bras de Bazaine.
Ce trembleur fanfaron, dont tout l'être a frémi,
Proclame en quittant Metz qu'il court à l'ennemi ;
Mais son cœur, que ne peut rassurer son escorte,
Bondit à l'unisson du galop qui l'emporte !

Ce piètre cabotin, qui mimait les Césars,
S'esquive des combats, dont il craint les hasards ;
Il s'enfuit du pays que la guerre saccage :
Il comprend qu'il eût dû retenir dans sa cage
L'oiseau qui, comme lui, n'est pas de bon aloi,
Qu'il dénicha dans l'ombre en violant la loi,
Qui n'est qu'un chat-huant qu'aveugle la lumière,
Et qui, singeant en vain l'aigle armé du tonnerre,
Ne pouvait que tomber, tôt ou tard, foudroyé
Par ce feu vers lequel il s'était fourvoyé.

Il fuit, il fuit, ployé sous la main implacable

Du Destin trop tardif, qui maintenant l'accable.

Son orgueil, que meurtrit l'humiliation,

S'épouvante à l'aspect de son abjection.

Devant son œil hagard tout son passé se dresse...

Ses rêves déçus font, comme une amère ivresse,

Tournoyer son esprit et trébucher ses pas ;

Et, sous ces coups du ciel qu'il ne prévoyait pas,

Poussé vers le malheur où déjà son pied butte,

Il frissonne : il pressent qu'il va, de chute en chute,

Pour que ses attentats soient enfin expiés,

Rouler au fond du gouffre entr'ouvert sous ses pieds !

Avril 1873.

XVII

LE QUINZE AOUT

I

A cette date, après une ordonnance expresse,
    Le canon, de sa voix d'airain,
Enjoignait au pays de se mettre en liesse
    Pour mieux fêter son souverain ;
Car ce hideux bandit, dont l'âme est attablée
    Devant le Crime avec Satan,
Pour patronne avait pris la Vierge immaculée !
    Et ce sinistre charlatan

Voulait qu'on l'honorât, selon l'usage antique,
 Par un *Te Deum* solennel,
Et qu'on prostituât ainsi ce saint cantique,
 Pour faire injure à l'Éternel,
En le louant d'avoir, dans sa miséricorde,
 Répandu sur lui ses bienfaits,
Et tenu, jusqu'ici, loin de son cou la corde
 Que réclamaient tous ses forfaits.
Puis, tout le jour, le Peuple, en parcourant la fête
 Et les tréteaux des bateleurs,
Pouvait considérer, d'une âme satisfaite,
 Les paillasses et les jongleurs,
Et, les voyant mouvoir leur langue dégagée
 Dont les lazzi faisaient fureur,
Retrouver dans leurs traits l'image avantagée
 De son très-auguste empereur !
Et, le soir, quand le ciel s'avivait de la flamme
 D'un feu d'artifice éclatant,
Le flux d'un vaste orgueil venait envahir l'âme
 De ce nouveau Sire, affectant
Tout autant de fierté qu'après une victoire,

De voir ce feu l'environner
De reflets radieux, les seuls rayons de gloire
Dont son front pût se couronner !

II

Cette date, qu'alors son âme si ravie
    Fêtait en son royal séjour,
Sous la main du Destin, au livre de sa vie
    Va marquer un lugubre jour !
Ce héros de taverne, échappé d'Angleterre,
    Qui, dans son maintien théâtral,
Crut avoir endossé le talent militaire
    Avec l'habit de général, .
S'en va, sentant peser sur lui son ineptie,
    Heurter son front contre un écueil !
Vainement il voudrait trouver quelque argutie
    Pour justifier son orgueil
Et se piper lui-même à l'aide de sa fourbe :
    Il voit bien, le cœur oppressé,
Qu'il n'a plus qu'à tomber de son char; qui s'embourbe

Dans tous ses crimes du passé!

Il comprend, malgré lui, qu'un héros de sa taille,

    Qui mit l'honneur sous ses talons,

Lorsqu'il poursuit celui que donne la bataille,

    Ne peut aller qu'a reculons !

Et voilà qu'au sortir de Metz, cette pucelle

    Qu'il va laisser déshonorer,

Suant la lâcheté que son âme recèle,

    Il ne sait où se retirer

Pour fuir les ennemis que sa voix fanfaronne

    Annonçait qu'il allait chercher!

Il se hâte, et, pendant que la peur l'éperonne,

    Il croit les entendre marcher....

Son trouble, à chaque instant, ainsi se renouvelle

    Sans que jamais il ait fini.

Un bruit dans le lointain tout à coup lui révèle

    Le combat qu'on livre à Borny :

Il frémit; il voudrait que ses chevaux rapides

    Triplassent leur célérité;

Et, sous ses cils brûlants, roulant deux yeux stupides,

    Il maudit la fatalité !

Il ne peut pourtant pas fuir d'une seule traite ;

    Ses faibles forces sont à bout ;

Et dans un cabaret Sa Majesté s'arrête

    Pour passer la nuit du Quinze août !

III

Poussant, à pareil jour, dans une pauvre auberge,

    Ce nocturne étrangleur des lois,

Qui fait entre ses mains jouer à sa flamberge

    Le rôle d'un sabre de bois,

Le ciel lui montre, avec une amère ironie,

    Que c'est l'heure du châtiment,

Et que pour lui commence une lente agonie

    Sous les coups d'un écroulement !

Il le comprend : brisé, tremblant, la face blême,

    Et se rappelant son forfait,

Dans tout ce qui l'entoure il reconnaît l'emblème

    De l'ignoble chute qu'il fait ;

Il est anéanti ! Parfois, une pensée

    L'aide à secouer sa torpeur ;

Il s'anime un instant, et, d'une main glacée
    Par le noir frisson de la peur,
Il trace sur le sol le plan de ses batailles,
    Auxquelles il tourne le dos !
Puis l'ardent désespoir reprend dans ses tenailles
    L'âme de ce piteux héros !

IV

Le sommeil vient enfin alourdir sa paupière ;
    Mais c'est le sommeil d'un fiévreux,
Où bientôt il verra se soulever la pierre
    De la tombe des malheureux
Dont il a prétendu, de sa main meurtrière,
    Étouffer la sédition,
Parce que leurs grands cœurs dressaient une barrière
    A sa sinistre ambition !
Il rêve, tout d'abord, qu'il est aux Tuileries,
    Où, prenant des airs imposants,
Il voit ceux dont il a doré les gueuseries
    Le fêter en plats courtisans ;

Puis, devant son regard, d'autres, dont les visages

    Portent les pâleurs de la mort,

Passent en lui lançant de menaçants présages,

    Afin d'aiguiser son remord :

Ce sont les défenseurs de la loi violée,

    Dont les cris vont l'assourdissant;

Et sa face frémit, humide et maculée

    Du jet continu de leur sang!

Enfin, comme au théâtre un décor soudain change,

    Tout à coup, près d'une forêt,

Un squelette géant, dont la forme est étrange,

    Une faux en main, apparaît

Surgissant au-dessus d'une armée effarée

    Qu'il voit vers lui presser le pas,

Et moissonne à grands coups de sa lame acérée

    Sans jamais ralentir son bras!

Un immense hibou, qui plane au-dessus d'elle,

    Comme un horrible pourvoyeur,

Par le vent que produit son vif battement d'aile,

    Toujours la pousse à ce Faucheur !

Mais, prodige qui vient, lui glaçant chaque membre,

Percer son cœur de mille traits,

Dans cet affreux hibou le héros de Décembre

A reconnu ses propres traits !

Il s'éveille, tremblant comme un jonc que l'orage

Courbe dans un marais fangeux ;

Il sent que le Destin va détruire l'ouvrage

De tous ses criminels enjeux ;

Et, pâle et convulsif, cet empereur bohème

Veut s'enfuir précipitamment....

Il part, mais il faudrait qu'il pût se fuir lui-même

Pour échapper au châtiment !

XVIII

BORNY

Après ces durs assauts d'une âpre destinée,
Chacun comprend qu'au lieu d'être disséminée,
Notre armée a besoin de resserrer ses rangs
Devant ce flot grossi d'avides conquérants.
Bazaine doit changer tout le plan de campagne :
Il va partir de Metz, et, gagnant la Champagne,
Courir vers Mac-Mahon pour lui donner la main.
C'est par Verdun qu'il veut se frayer un chemin.

Fantassins sont en marche et cavaliers en selle.

Frossard et Canrobert traversent la Moselle ;

Decaen et Ladmirault sont prêts à s'ébranler,

Quand soudain à leurs yeux viennent étinceler

Les casques prussiens qui, malgré la poussière,

Frappés par le soleil, reflètent sa lumière.

Instruit par le récit de nombreux espions

De l'abandon du camp qu'alors nous occupions,

Steinmetz avec les siens en toute hâte arrive

Pour ne pas nous laisser atteindre l'autre rive.

Il commence l'attaque ; et, prompts à riposter,

Nos braves régiments marchent pour l'arrêter.

Bien que dans nos revers ils puisent de l'audace,

En vain les Allemands, en une énorme masse,

S'élancent, soutenus par le feu du canon :

Les nôtres, animés par leur ancien renom,

Sont fermes, et telle est leur mâle résistance,

Qu'ils les chassent loin d'eux, les tiennent à distance,

Et font déjà planer sur leur front la terreur !

Toutefois, tressaillant dans leur vaine fureur,

Les Germains, qui n'ont plus de bois qui les abritent,

Forcés de reculer, contre eux-mêmes s'irritent,

Et veulent de nouveau tenter de s'approcher ;

Mais tels on voit des flots surgir contre un rocher

Et tomber à sa base en écume impuissante,

Telle leur multitude, à chaque instant croissante,

Brise tous ses efforts contre la fermeté

De nos vaillants soldats, qui bientôt ont jeté

L'épouvante en ses rangs, rompus et mis en fuite ;

Et nos vifs cavaliers courent à leur poursuite

Pour punir ces vainqueurs de l'espoir qu'ils ont eu

De voir notre courage à jamais abattu ;

Et, quand, après la charge, ils rejoignent l'armée,

De cadavres germains leur route est parsemée !

La Victoire infidèle, après un tel succès,

Semble enfin revenir vers le drapeau français !

Nos soldats sont joyeux, et, pleins de confiance

En Bazaine, qui sait diriger leur vaillance,

Ils acclament son nom au milieu des bravos,

Et tous rêvent déjà des triomphes nouveaux.

Cet échec pèse au cœur des troupes ennemies,

Qui contre nous pourtant se croyaient affermies ;

Mais dans ses bulletins le monarque teuton

Ne peut se résigner à prendre un autre ton ;

L'orgueil à son cerveau monte encor par bouffées :

Il prétend que Borny s'ajoute à ses trophées !

Qu'il se taise ce roi qui mène des bandits !

De tels titres lui sont à jamais interdits :

Borny fut un combat où, chez les siens, la rage

S'est en vain mesurée avec notre courage ;

Et, dans toute rencontre avec nos régiments,

Il n'a jamais compté que des égorgements !

XIX

GRAVELOTTE

La France, dont la Prusse abaissait la bannière,
Et qui, sous la défaite, enfonçait dans l'ornière
Où sa gloire semblait sur le point de chuter,
A repris le chemin ouvert par son courage ;
Elle voit son drapeau, que secouait l'orage,
Au souffle de l'espoir, sur son front palpiter !

Ses enfants sont toujours les soldats qu'on redoute !
Triomphants à Borny, ces vaillants vont, sans doute,

Se hâter vers le but qu'on vient de leur marquer ;

Il n'en est rien : Bazaine, à cette heure critique,

Apparaît comme un Sphinx, faisant de sa tactique

Une énigme que nul ne saurait expliquer.

Quel est donc le projet que son âme recèle ?

Tandis qu'après avoir traversé la Moselle,

Frédéric-Charle arrive à pas précipités,

Lui, sans voir les périls auxquels il se hasarde,

En menant nos soldats constamment il s'attarde,

Comme si tous les deux ils s'étaient concertés.....

Il ne comprend donc pas que, par sa marche lente,

Il va laisser grossir cette horde insolente,

Qui viendra tout à coup lui fermer le chemin,

Et que c'est follement tenter la destinée

Que de se préparer une lutte acharnée,

Où Borny peut avoir un triste lendemain ?

Bien que cette tactique à bon droit les étonne,

Nos guerriers sont dispos ; aucun d'eux n'abandonne

L'espoir que dans leurs yeux on voit étinceler ;

Viennent les Allemands leur barrer le passage :

Sur leurs traits animés resplendit le présage

Que leur courage encor les fera reculer !

II

Nos soldats, pas à pas, atteignent Gravelotte :

A peine dans les airs notre étendard y flotte,

Qu'une avant-garde vient contre nous se heurter,

A Vionville, où déjà sont allés se poster

Valabrègue et Faron et leur cavalerie.

Celle-ci, sous ce choc tout d'abord ahurie,

Tourne bride et, fuyant en désordre, au hasard,

Tombe dans Rézonville, où se trouve Frossard,

Qui, pour la rallier, porte en une seconde

Ses troupes en avant. Canrobert le seconde ;

Et, bien que l'ennemi, pour rompre leurs élans,

S'avance, protégé par des canons hurlants

Rangés en demi-cercle en avant de la route,

Nos braves, dans l'ardeur de le mettre en déroute,

Se jettent sur ses rangs, qui bientôt sont forcés

De plier sous les yeux de leurs chefs courroucés.

A la voix de ces chefs, que nos efforts dépitent,

Les cavaliers germains sur nous se précipitent;

De leur galop rapide ils battent le terrain,

Et, courant sous le fer jusqu'aux bouches d'airain,

Semblent avoir au nôtre allumé leur courage.

Quelques-uns, emportés ainsi qu'un vent d'orage,

Vont atteindre Bazaine et ses aides de camp :

Ceux-ci ne font qu'un bond contre un tel ouragan,

Et peuvent aussitôt voir sous leurs coups d'épée

Cette troupe hardie en fuite et dissipée.

Puis, en ce même instant, les autres escadrons,

Qui chargeaient animés au souffle des clairons,

Frappés par les obus, les balles, la mitraille,

Roulent dans la poussière, et, vivante muraille,

Devant l'ennemi prêt à se décourager,

La garde impériale arrive se ranger.

Toutefois ce renfort et sa brusque venue

Ne l'ont point arrêté : la lutte continue ;

Mais Ladmirault paraît avec ses régiments,

Et jette l'épouvante au cœur des Allemands.

Leur feu se ralentit et finit par s'éteindre ;

Ils reculent ; — Bazaine alors, pour les atteindre,

Sans doute derrière eux va se précipiter,

Et, dès le premier choc, saura les culbuter.

Non, non : chez ses soldats il contient la bravoure,

Et, poursuivant un plan que le mystère entoure,

Au lieu de profiter du moment opportun

Pour ouvrir à leurs pas la route de Verdun,

Tourné vers Metz, il semble avoir l'âme occupée

De ne point voir par là sa retraite coupée,

Et ne vouloir que feindre une marche en avant

Pour leurrer ses soldats d'un espoir décevant !

. . . .

Aussi, déjà leurs cœurs murmurent de colère...

. . . .

Frédéric-Charle alors, d'un pas qui s'accélère,

Arrive, et vient grossir les bataillons germains

Qui vont tenter encor des efforts surhumains.

L'attaque recommence ardente et furibonde ;

La fusillade éclate et le sourd canon gronde ;

Puis d'ardents cavaliers, en nombreux escadrons,

Au ventre des coursiers serrant les éperons,

S'élancent à la fois du front des deux armées,

Qui sont de plus en plus à la lutte animées.

Ils courent l'un sur l'autre, et, bientôt se heurtent,

Ils frappent furieux, et, d'instant en instant,

On en voit disparaître au flamboiement du glaive,

Qui constamment dans l'air s'abaisse et se relève.

Lorsque les cavaliers sont aux prises entre eux

Et que, tout entourés d'un nuage poudreux,

Ils jonchent de leurs morts la terre qui tressaille

Sous les bonds répétés de l'ardente bataille,

Emporté dans sa course, un groupe de hulans,

Que suivent des hussards et des cuirassiers blancs,

Se jette sur les rangs de notre infanterie :

Les premiers sont broyés par une batterie ;

Les autres, vrais démons échappés de l'enfer,

Volent toujours, ainsi qu'un ouragan de fer.

En sabrant devant eux, vainement ils galopent :
Nos hardis régiments bientôt les enveloppent ;
Dans ce cercle de feu nul ne perd son aplomb ;
Mais tous, en un clin d'œil, fondent comme du plomb.

Chez de tels ennemis saluons le courage :
Il garde son éclat même au sein du naufrage !
S'ils eussent tous montré cette noble.valeur,
Moins douloureux serait notre cruel malheur ;
L'estime resterait au fond de notre haine ;
Et, pour nous la victoire eût-elle été certaine,
Ils auraient eu, plaçant ainsi plus haut leurs cœurs,
Plus de gloire, vaincus, qu'ils n'en auront, vainqueurs.

Les Germains, dont l'attaque était opiniâtre,
Ont enfin déserté la lutte et son théâtre ;
Et nos guerriers, joyeux et le cœur triomphant,
N'ont qu'un cri dans la bouche : En avant ! en avant !
Mais vain espoir : il faut que leur élan s'arrête,
Et qu'à la voix du chef ils battent en retraite :
On va voir ce succès soudain s'annihiler,

Et devant les vaincus les vainqueurs reculer !

Quel est ton plan, Bazaine, et que songes-tu faire ?

Sont-ce nos ennemis que tu veux satisfaire ?

Ils chanteront victoire alors qu'ils sont battus !

Et pourtant nos soldats, consternés, abattus,

Quoique abusés par toi d'une fausse espérance,

Ne sauraient soupçonner un maréchal de France !

Mai 1873.

XX

LE FUYARD.

I

Tandis que nos soldats meurent à Gravelotte
    Pour ses rêves outrecuidants,
Notre vaillant Cesar, qui sous l'effroi grelotte,
    Entre à Verdun, claquant des dents !
Ce héros, qui jadis, pris d'une noble fièvre,
    A l'ennemi voulut marcher,
En face du péril, n'a que le cœur d'un lièvre
    Cherchant un gîte où se cacher !

La peau de fanfaron, dont s'étoffait ce lâche,

    Tombe en loques de tout son corps :

Il craint, il craint toujours; il veut fuir sans relâche

    Et se dérober aux recors

Que, rude créancier, le Destin à ses trousses

    Semble soudain avoir lancés,

Pour lui faire solder en d'horribles secousses

    Le prix de ses crimes passés.

Il a beau fuir : partout les coups iront atteindre

    Ce gueux singeant la majesté

Sous son fard d'histrion, que s'acharne à déteindre

    La sueur de sa lâcheté.

Arrivé dans Verdun, comme si par la guerre

    Le sol tremblait sous ses talons,

Il veut, croyant toujours entendre son tonnerre,

    Hâter sa course vers Châlons;

Mais le Destin vengeur, à chaque instant, l'accule

    A quelque dure extrémité :

La gare, en ce moment, n'a qu'un seul véhicule

    Où le bétail est transporté ;

Et ce pâle trembleur en un tel équipage

7.

Est impatient de partir,

Ajoutant à sa vie'une brillante page

   Qui va la faire resplendir.

Dans ce compartiment, qui bientôt l'emprisonne,

   Une main jette un matelas,

Où ce César étend son auguste personne

   Qui frémit comme au bruit du glas.

Mais la locomotive a lancé sa fumée,

   Et, paraissant siffler sa peur,

Elle augmente le trouble en cette âme alarmée

   Qu'elle emporte à toute vapeur!

II

Ce fuyard, qui jadis, s'entourant en voyage

   De confort, de luxe éclatant,

Dans des wagons-salons choyait son personnage

   Avec ses grands airs d'important,

S'en va donc, en ce jour, entre des planches nues,

   Morne et rudement cahoté!

De ses prétentions sombres et saugrenues
    Ce misérable est débouté ;
Ce pître, que si bas saluaient des paillasses,
    A piteusement trébuché
Et roulé sur le sol du haut de ses échasses,
    Où le crime l'avait huché ;
Ce prince des filous, qu'une tourbe idolâtre
    Poursuivait d'acclamations,
N'est plus à tous les yeux qu'un empereur de plâtre
    Qui tombe en dégradations ;
Et le voilà casé comme bête de somme
    Et courant au gouffre béant !
Il s'agite, il frissonne, il voudrait dans un somme
    Avoir l'avant-goût du néant;
Mais, aussitôt qu'il a les paupières baissées,
    Un effroyable cauchemar
Le force, l'étouffant et troublant ses pensées,
    A rouvrir un œil tout hagard.
Dès qu'il s'endort, il a la tête abasourdie
    Par des grognements de pourceaux ;
Et soudain il en voit une foule enhardie

Le déchiqueter par morceaux !...
Il s'éveille tremblant : il soupire, il suffoque
    Et se tord en convulsions ;
Et toujours le sommeil en son esprit évoque
    L'horreur de telles visions !
C'est ainsi que parvient au terme de sa route,
    Triste et le visage blêmi,
Ce matamore auquel le cœur fit banqueroute
    A l'approche de l'ennemi !
Tout en reconnaissant ses traits hideux qu'altère
    Sa lâche et profonde terreur,
Les soldats ne font plus le salut militaire
    A ce pitoyable empereur ;
Et lui, qui n'ose plus les regarder en face,
    Courbe honteusement le front ;
Mais telle est la pâleur qui lui couvre la face
    Qu'il ne peut rougir sous l'affront ?

———

XXI

SAINT-PRIVAT.

Les régiments français, vainqueurs à Gravelotte,
Se sont donc retirés, revenant sur leurs pas :
De la crainte à l'espoir leur esprit douteux flotte
Sous l'ordre de leur chef qu'ils ne comprennent pas...

Derrière eux des blessés restent à Rezonville,
Qui, laissés sans secours, vont peut-être expirer,
Mais que, ne tardant pas à forcer leur asile,
L'ennemi sûrement accourra capturer.

Soudain sur le plateau s'allume un feu vorace,
Que Bazaine a fait mettre à nos provisions ;
Et la flamme dans l'air à nos soldats retrace
L'éclat si tôt éteint de leurs illusions !

En perdant tout espoir, ils sentent leur courage
Tournoyer et fléchir jusqu'à l'abattement,
Et dans leurs cœurs troublés s'amasser un orage
Qui les remplit déjà de son sourd grondement.

Frédéric-Charle, ému de ce vaste incendie
Qu'il voit, devant son camp, à l'horizon flamber,
Croit qu'après son succès, notre armée, enhardie,
Pour marcher en avant a pu se dérober.

Mais bientôt à la crainte a succédé la joie :
Il apprend que vers Metz nous nous sommes portés,
Et, semblable au lion s'élançant sur sa proie,
Il court sur nos soldats à pas précipités.

Pendant ce temps, Bazaine, à l'écart, invisible,
Demeure à Plappeville, inactif, sans songer

Qu'il réduit notre armée à n'être qu'une cible,

Que vont pouvoir cribler les coups de l'étranger.

Aussitôt l'ennemi, sur la gauche, canonne

Les troupes de Lebœuf et celles de Froissard,

Tandis qu'au centre il bat, sous le bronze qui tonne,

Le corps de Ladmirault, dressé comme un rempart.

Vers Saint-Privat, à droite, en hâte s'acheminent,

Pour agir de concert, Saxons et Prussiens ;

Et bientôt on peut voir les canons qui fulminent

Attaquer Canrobert, qui n'a pas tous les siens.

Mais Lebœuf et Froissard, par leurs troupes vaillantes,

Refoulent constamment les Germains épuisés ;

Celles de Ladmirault, d'ardeur toujours bouillantes,

Chassent leurs bataillons écharpés et brisés.

Ce sont bien là toujours les soldats de la France,

Pour qui la gloire encore est un vin capiteux,

Et qui, toujours luttant, même sans espérance,

Contraignent le péril à céder devant eux !

Frédéric-Charle, alors, voit, sur toute la ligne,
Ses régiments plier malgré tous les renforts :
Le regard flamboyant, il s'étonne, il s'indigne,
Et court sur Saint-Privat porter tous ses efforts...

Et Bazaine est inerte; et, bien loin qu'il observe
La bataille où se joue un si terrible jeu,
Il reste à Plappeville, y tenant en réserve
Trente mille soldats, cent vingt bouches à feu !

En vain autour de lui retentit le tonnerre,
Jetant de Saint-Privat sa sinistre clarté :
Il se montre aux Germains ennemi débonnaire,
Et se roidit toujours dans l'immobilité !

Les balles, les boulets, les obus, la mitraille,
Harcèlent Canrobert sur ses positions;
Et, pour pouvoir encor prolonger la bataille,
Ses canons n'ont bientôt plus de munitions...

N'importe ! nos soldats ont encor pour combattre
Des fusils dont les coups frapperont les Germains;

Et ceux-ci, que le plomb en sifflant vient abattre,
Reculent : la victoire est presque dans nos mains !

Vienne Bazaine avec les réserves qu'il garde,
Et nos fiers ennemis, vaincus et consternés,
Comprendront que toujours la Victoire regarde
Les valeureux Français comme ses fils aînés !

Mais non : il reste encor dans la même inertie ;
A cette grande lutte il paraît étranger !
Si ce n'est trahison, c'est alors ineptie
Que de laisser ainsi la France naufrager !

Pauvre France ! en ce jour où ton navire flotte
Sous les vents orageux déchaînés par l'orgueil,
Il ne surgit donc point un habile pilote
Qui t'empêche d'aller heurter contre l'écueil !

Oui, c'en est fait : malgré son armée intrépide,
En voyant les Saxons qui, pour l'envelopper,
Contournent Saint-Privat d'une marche rapide,
Canrobert ne peut plus que fuir pour échapper.

On sonne la retraite, ou plutôt la déroute :

Les soldats, l'un par l'autre entraînés, éperdus,

Courent à travers champs se frayer une route,

Et s'écoulent vers Metz, mêlés et confondus...

C'est là que restera désormais prisonnière

Cette armée, obligée aujourd'hui de céder,

Et qui devait porter si haut notre bannière,

Si quelque capitaine eût su la commander...

Allons! en grands vainqueurs, Germains, chantez encore,

Vous qu'on voyait pourtant au combat défaillir :

Ce laurier, dont, si fier, votre front se décore,

Bazaine a bien voulu vous le laisser cueillir !

Mars 1873.

XXII

ENCORE LE MENSONGE.

Nous sommes donc vaincus, et ce n'est point un songe :
Notre malheur est là dans sa réalité;
Et voici que pourtant vient encor le Mensonge
    Duper notre crédulité !

Un fameux général, fécond en hâbleries,
Qui tire de Pékin tout son rayonnement,
Et tailla son comté dans des chinoiseries,
    Est devenu son truchement!

Ministre d'un parjure, il en a la livrée,

Et ne peut que jouer un rôle d'imposteur ;

Aussi va-t-il agir sur la foule enfiévrée

　　　Par un bulletin enchanteur...

Il transforme une fable en glorieuse histoire,

Pour mieux donner le change aux esprits anxieux,

Et sur notre défaite il ente une victoire

　　　Qui doit éblouir tous les yeux :

L'Allemagne, à son tour, est enfin alarmée ;

Son peuple ne peut plus faire le rodomont :

Nos soldats ont jeté trois corps de son armée

　　　Dans les carrières de Jaumont !

La Presse officieuse, en habile commère,

Afin d'entretenir nos rêves décevants,

Environne à l'envi d'éclat cette chimère

　　　Par de longs récits émouvants...

Dans tous les seins bondit l'élan patriotique ;

Et notre œil se repaît d'heureuses visions ;

Mais Jaumont est pour nous l'abîme fantastique
    Où tombent nos illusions !

Aussi, dans tous les cœurs l'orage s'amoncelle :
C'est la main du Destin qui le déchaînera ;
Un éclair précurseur dans les yeux étincelle ;
    Bientôt la foudre éclatera !

    Mai 1873.

XXIII

LA MAIN DU DESTIN.

Le fuyard, à Châlons, tint, dès son arrivée,
    Un conseil de ses généraux ;
Et tous durent sentir leur douleur ravivée
    En voyant ce triste héros !
Le corps tout affaissé, le front bas, l'œil atone,
    Il avait l'air de présider ;
Mais, traînant quelques mots d'une voix monotone,
    Il laissait tout se décider.

Pourvu qu'on lui sauvât et la vie et l'empire,

    Il consentait à s'effacer...

Enfin il a le cœur plus léger ; il respire :

    De la lutte il peut s'éclipser !

Le duc de Magenta commandera l'armée

    Qui se rabattra sur Paris ;

Trochu, dont tout à coup grandit la renommée,

    Va, pour rassurer les esprits,

Muni de pleins pouvoirs, gagner la capitale,

    Dont il sera le gouverneur ;

Et lui, loin des hasards d'une guerre fatale,

    Sans se soucier de l'honneur,

Il pourra, sur ses pas, rentrer aux Tuileries,

    Où sa terreur s'abritera,

Où, se berçant encor d'heureuses rêveries,

    Dans le calme il s'endormira,

Jusqu'à ce qu'au péril de leur noble existence,

    D'autres, ayant vaincu pour lui,

Permettent qu'il endosse encore l'impudence

    Qu'il doit mettre bas aujourd'hui !

Ce fou ne comprend pas que, brisant les entraves

Dont il l'a nuitamment chargé,

Le grand peuple, à bon droit nommé peuple de braves,

Pour venger l'honneur outragé,

Se dresserait devant son César qui recule,

A la gorge le saisirait,

Et, le serrant alors dans sa poigne d'Hercule,

D'un tour de bras l'étranglerait.

Théba, qui doit rougir de lui (car toute femme,

Fût-elle celle d'un bandit,

Veut du courage au fond d'une poitrine infâme),

Théba, d'un seul mot interdit

L'abord de son palais à ce gâteux sinistre,

Au-dessous du dernier crétin.

Ainsi, sans le savoir, elle sert de ministre

A l'inévitable Destin,

Farouche Déité dont la main vengeresse

Tient et tire par les cheveux

Ce hideux criminel qui tremble, en sa détresse,

Et marchera contre ses vœux...

Il faut qu'il aille encore et que toujours il aille

Vers le gouffre prêt à s'ouvrir;

Il faut qu'il agonise au bruit de la bataille,

    Sans avoir le droit de mourir,

Et que, montrant aux yeux ce que son âme immonde

    Peut contenir de lâcheté,

Sous les cieux étonnés, il surprenne le monde

    Par une monstruosité !

    Mai 1873.

XXIV

MAC-MAHON.

N'ayant que le pays présent à sa pensée,
Comme elle doit alors être bouleversée,
L'âme de ce soldat qui ne sait qu'obéir !
Plus d'un cruel combat doit se livrer en elle
Lorsque, près de céder, sa raison se rebelle
    Et sent le doute l'envahir !

Sous les murs de Paris il croit voir la Victoire
Qui pourra balayer de notre territoire

Les hordes de Germains fuyant épouvantés,

Et l'on veut que, courant au secours de Bazaine,

Dont, jusqu'à cet instant, la marche est incertaine,

Il fasse de ses plans des projets avortés!

Lorsque d'autres, changeant l'enjeu de la partie,

Prétendent, avant tout, servir la dynastie,

La France est là toujours en face de ses yeux !

A son chef, en soldat, il doit la déférence ;

Mais, Français, il voudrait aller sauver la France,

    Et son cœur s'agite anxieux !

En vain il se débat : l'heure fatale arrive,

L'heure du châtiment, et Dieu lui-même rive

Cet homme du devoir au parjure éhonté :

La Probité, réduite à seconder le Crime,

Doit l'aider à courir se jeter dans l'abîme,

Et la Justice ainsi punir l'iniquité !

Mai 1873.

XXV

BEAUMONT.

En vain contre le sort Mac-Mahon s'est roidi.
Il lui faut quitter Reims, marcher vers Montmédy
Et tenter de se joindre au plus tôt à Bazaine :
Il traverse la Suippe, arrive aux bords de l'Aisne :
Et là, vers l'horizon se tournant soucieux,
Le scrute vainement de l'oreille et des yeux :
Bazaine ne vient pas ! Frappé d'un noir présage,
Il envoie en tous sens message sur message

Pour savoir où ce chef a pu porter ses pas :

Nul indice ; pour lui le jour ne se fait pas.

Bazaine en reçoit un et garde le silence ;

Et déjà l'ennemi de tous côtés s'élance :

Le péril est pressant, Mac-Mahon l'a compris ;

Il n'aura bientôt plus ses lignes sur Paris.

Craignant de rencontrer de puissantes barrières,

Il veut, sans plus tarder, remonter vers Mézières ;

Mais du ministre un ordre est prompt à l'empêcher,

Et c'est vers Montmédy qu'il doit encor marcher...

Il frémit ; mais, soldat fidèle à la consigne,

Le désespoir au cœur, il cède, il se résigne :

Et, s'avançant craintif et d'un pas incertain,

Il court au sombre but marqué par le Destin.

Le corps de de Failly servira d'avant-garde ;

Mais il suit le chemin de Stenay, par mégarde,

Au lieu d'avoir choisi celui de Carignan ;

Et soudain vers Nouart, ainsi qu'un ouragan,

La canonnade éclate et le met en désordre.

De Failly le rallie et donne aussitôt l'ordre

Que les divisions reviennent sur leurs pas
Plutôt que d'engager de hasardeux combats;
Et, quand il devrait être en tête de l'armée,
C'est par lui maintenant que la marche est fermée.

Il arrive à Beaumont, au fond d'un vallon creux.
Là, ses braves soldats, sentant peser eux
La fatigue à marcher sur la terre glissante
Que vient de détremper une pluie incessante,
S'arrêtent pour pouvoir prendre un peu de repos
Et par quelque aliment se rendre plus dispos.
Les fusils démontés, les attirails de guerre
Gisent là, pêle-mêle, étendus sur la terre,
Et les feux dans les camps commencent à flamber,
Quand un obus y vient soudainement tomber.
Une grêle de fer aussitôt l'accompagne;
Puis toutes les hauteurs dominant la campagne
Se couvrent d'ennemis, ardents à foudroyer
Nos soldats, qui d'abord ne font que tournoyer,
Sans pouvoir repousser l'attaque inattendue.
Mais bientôt raffermis devant leur tâche ardue,

De l'honneur du drapeau fidèles défenseurs,

Ils luttent bravement contre leurs agresseurs.

Inutiles efforts ! Cette troupe aguerrie,

Impuissante à s'aider de son artillerie,

S'épuise et ne peut plus que céder ou mourir.

En vain Félix Douai s'empresse d'accourir :

La France, qui toujours voit s'éclipser son astre,

Doit encore en ce lieu fléchir sous un désastre.

O Germains ! de Failly n'a point fouillé les bois

Où vous vous avancez sans cesse en tapinois...

Cet imprudent qui fut, à Wœrth, retardataire,

Perd à votre profit son honneur militaire...

Ce nom est malheureux : il devait présager

Le rôle qu'il jouerait en face du danger.

Lorsque de chute en chute ainsi tombait la France,

Et que dans ce vallon luttaient, pleins d'assurance,

Nos soldats, que toujours l'ennemi mitraillait,

César à Carignan doucement sommeillait.

Mai 1873.

XXVI

SEDAN.

I

Sedan ! Ce nom seul fait qu'à notre face monte,
Comme un flot, tout le sang dont s'empourpre la honte,
Et que nous frémissons de haine et de fureur !
Ce nom. dont maintenant une ville est flétrie,
De son stigmate affreux marque aussi la Patrie,
Qu'entraînait un Cartouche en habit d'empereur !

Ce nom, dont les Germains garderont la mémoire,
Et dont ils vont pouvoir insulter notre gloire,

Est désormais pour nous le plus dur des affronts ;

Ce nom est devenu la tache d'infamie

Dont cette âme d'escroc, dans l'opprobre affermie,

En roulant dans la fange éclaboussa nos fronts.

Ce n'était pas assez, pour ce sinistre drôle,

D'avoir grugé vingt ans la France sans contrôle,

Et de l'avoir, ainsi qu'un horrible veneur,

Harcelée et livrée à sa meute affamée ;

Il lui fallait encor lui prendre son armée,

Et, comme dernier bien, lui voler son honneur !

Ce fut donc dans tes murs, ô malheureuse ville,

Que ce pleutre montra combien elle était vile

Son âme, qui rampait devant l'adversité,

Et qu'à nos fiers soldats il put faire l'outrage

D'enjoindre à leurs grands cœurs d'abaisser leur courage

Au niveau que sur eux mettait sa lâcheté !

O cité courageuse ! abandonne et renie

Ton nom, qui maintenant veut dire ignominie,

Et que tout Français doit à jamais exécrer ;
Qu'une main indignée à ton front le rature,
Avec le souvenir de la sombre aventure
Où ce hideux bandit vint le déshonorer.

Mais non ; garde ce nom, pour que se perpétue
Cet amer souvenir de la France abattue
Avec le criminel qu'elle a laissé trôner,
Et pour qu'un jour, après cette heure expiatoire,
Il soit le stimulant poussant à la victoire
Nos soldats, qui vers eux sauront la ramener.

S'ils ont été vaincus, leur âme est indomptable :
Aussi vais-je les suivre, en ce jour lamentable,
Dans leur combat avec l'invincible Destin,
Et montrer, tout livide et la mine affolée,
Ce lâche frissonnant, durant cette mêlée,
Sous la terreur qui va lui tordre l'intestin.

II

Le jour que l'avenir tenait caché dans l'ombre
Se lève, et roule au ciel dans un nuage sombre

La foudre avec le bruit de son sourd grondement,

Préparant ses éclats pour un grand châtiment.

En ce jour le Destin en seul maître s'érige :

Sous sa main, Mac-Mahon, que le Crime dirige,

Pour courir de lui-même à l'expiation,

N'a pu suivre un instant son inspiration ;

Et le voilà forcé de hâter sa retraite

Vers les murs de Sedan, où l'ennemi s'apprête

A venir le cerner sous le feu des canons.

Il le suit, il le presse, il est sur ses talons.

Un corps de Bavarois se jette avec furie

Sur Bazeilles, battu par son artillerie,

Et veut y pénétrer ; mais, opposant leurs seins,

Nos soldats de marine, agiles fantassins,

Dont le brûlant tropique a bronzé le visage,

Accourent bravement leur barrer le passage.

C'est un horrible choc, un combat acharné :

De balles, de boulets, l'air est tout sillonné ;

Des deux parts, tour à tour, on avance, on recule,

Et la Mort en fauchant dans tous les rangs circule.

Bien qu'arrivent toujours de nouveaux assaillants,

Les nôtres vont encor, plus hardis, plus vaillants.

Par ce flot d'ennemis la lutte se propage

De rue en rue avec son sinistre tapage ;

Le sol et les maisons en semblent ébranlés ;

Partout les Bavarois tombent amoncelés ;

Et, leur improvisant ainsi des embuscades,

Les morts aux survivants servent de barricades.

Mais nos fougueux soldats, voyant venir contre eux

Des bataillons toujours de plus en plus nombreux,

Fléchissent, et, malgré l'ardeur qui les enflamme,

Doivent enfin céder, le désespoir dans l'âme.

Alors les Bavarois, vainqueurs, mais frémissant

De ce que leur victoire a coûté tant de sang,

S'en prennent aux maisons de ce pauvre village :

Fous de colère, après le sac et le pillage,

Ils y mettent le feu, dont la rougeâtre horreur

Fait bientôt dans les airs flamboyer leur fureur!

Gloire à vous, Bavarois! voilà de vos merveilles!

L'écho de l'avenir vous redira Bazeilles!

Tandis que, sur ce point, nos braves régiments

Arrachaient aux vainqueurs d'affreux rugissements,

Les Germains, à Givonne, attaquaient notre armée.

Comme sous leur grand nombre elle était décimée,

Elle va sur Daigny reculer en luttant :

Lartigue et Fraboulet tombent au même instant ;

Mac-Mahon vient alors commander en personne :

Aussitôt un obus éclate, et désarçonne

Ce moderne Bayard qui s'immole au devoir,

Pleurant sur des malheurs qu'il n'a pu que prévoir.

Ducroc, qui va guider nos phalanges guerrières,

Veut, comme Mac-Mahon, se porter sur Mézières.

A tous les généraux il enjoint de quitter

Les lieux qu'aux ennemis ils devaient disputer ;

Et déjà sous ses yeux s'opère la retraite,

Lorsqu'arrive Wimpffen, qui tout à coup l'arrête.

Un ordre de Paris vient de lui déférer

L'autorité suprême, et lui, sans différer,

Commande à chaque chef que sur-le-champ il aille

Occuper de nouveau ses lignes de bataille.

Il veut sur les Germains tenter un coup hardi,

9

Les jeter dans la Meuse et gagner Montmédy.

Mais nos soldats, pour qui s'est éteint tout prestige,

Se sentent entraînés dans l'orbe du vertige,

Et l'ennemi, qui sait toujours s'accélérer,

Dans sa puissante étreinte accourt les enserrer.

Du côté de Fleigneux, soudain la canonnade

Éclate, et, prolongeant sa lugubre roulade,

Crache partout le fer sur les positions

Que Douai fait garder par ses divisions;

Puis le chef prussien pousse l'infanterie,

Qui se masse, et, semblable à la vague en furie,

Roule vers nos soldats pour les envelopper.

Ducroc voit le péril; il y veut échapper :

Il appelle aussitôt ses escadrons rapides;

Et, le sabre à la main, ces guerriers intrépides,

Dont l'ardeur en leurs yeux allume des charbons,

Fondent sur les Germains, écrasés par leurs bonds.

En vain, à chaque instant, ils tombent sous les balles,

Sans cesse surgissant en nouvelles rafales,

Ils courent, à travers ces épais bataillons,

Sous leurs coups répétés creuser d'affreux sillons,

Et prêtent à la Mort leur sanglant ministère,

Jusqu'à ce que son bras les couche tous à terre !

Guillaume, émerveillé d'un si fier dévouement,

Le salua, dit-on, d'un cri d'étonnement !

Mais la lutte pour nous devient désespérée.....

L'artillerie en vain dans la lice est entrée :

A peine nos canons en ligne sont placés,

Qu'ils sont par l'ennemi démontés, renversés ;

Les fourgons, les caissons, où s'enflamme la poudre,

Sautent en l'air avec le fracas de la foudre ;

On entend les échos au loin en retentir ;

Le ciel n'est que fumée, et, sans se ralentir,

Une grêle d'obus en sifflant vient abattre

Nos valeureux soldats, impuissants à combattre.

C'est encor la défaite : il leur faut se jeter

Dans la fuite éperdue et courir s'abriter

Sous les murs de Sedan, où, toujours plus intense,

Le fer les frappe encor même à cette distance.

Ferme dans son projet, Wimpffen toujours prétend
Infliger aux Germains un échec éclatant
Qui lui livre passage à travers leur armée,
Plutôt que de laisser la sienne être enfermée
Dans ce cercle qui va toujours se resserrant.
Le visage animé, le regard fulgurant,
Entraîné par l'espoir dont son grand cœur s'enivre,
Il ordonne à Ducroc, à Douai, de le suivre
Et court, impétueux, diriger ces renforts
Vers Bazeilles, où vont s'épuiser ses efforts.

Tandis qu'en ce soldat le courage invincible
S'acharne à reculer les bornes du possible,
Et qu'il vole affronter un périlleux hasard,
Tandis qu'on meurt pour lui, que fait notre César ?

III

César, que notre armée, ainsi qu'un vain bagage,
    A traîné derrière ses pas,
S'est enfin vu forcé de lui donner un gage

Du courage qu'il n'avait pas :

Il a dû se porter sur le champ de bataille,

Où, sous sa livide pâleur,

L'effroi, le roidissant et redressant sa taille,

Lui donnait des airs de valeur !

Mais, comme à ses côtés l'officier d'ordonnance

Est tout à coup tombé blessé,

Il a subitement changé de contenance

Et vers Sedan s'est éclipsé.

Là, César, sous le toit de la sous-préfecture,

Lorsque son cœur est défaillant,

N'a plus à se donner autant de tablature

Pour pouvoir faire le vaillant.

Si sa vie au danger n'est pas encor soustraite,

Si la terreur vient le troubler,

Ce misérable au moins, au fond de sa retraite,

Peut tout à son aise trembler !

Et, comme à l'espérance en vain il se raccroche

Dans cet horrible écroulement,

Il tremble, il tremble au bruit du canon qui s'approche

Et dont grossit le grondement.

Puis le vaillant Wimpffen l'invite par message

      A venir, avec ses soldats,

A travers l'ennemi se frayer un passage,

      Pour qu'on ne le capture pas :

Devant ce noble appel i¹ a la chair de poule ;

      Il pousse un hoquet et dit : Non !

Mais arrivent soudain, de tous côtés, en foule,

      Épouvantés par le canon,

De pâles fugitifs, dont les masses, accrues

      Au milieu d'un tumulte affreux,

Encombrent les maisons, les places et les rues,

      L'œil effaré, le front poudreux.

Ce ne sont que clameurs et que longs cris d'alarmes ;

      Et les femmes et les enfants

Remplissent la cité de sanglots et de larmes,

      Sachant les Germains triomphants.

Des chevaux emportés, qui, dans cette déroute,

      Traînent des fourgons fracassés,

Accourent, à travers une sanglante route,

      Broyer ces hommes entassés ;

Et, tandis que, pressant nos troupes qu'il renverse,

L'ennemi s'approche toujours,

Les obus sur les murs tombent comme une averse,

Et chacun frémit pour ses jours !

IV

César, à ce fracas que fait l'artillerie,

Ne se croit plus en sûreté :

Il sort de la demeure où, blême et rabougrie,

Se blottissait sa majesté.

Sur ce tableau navrant d'un affreux pêle-mêle

Il porte un rapide regard ;

Il ne sent plus son cœur battre sous sa mamelle ;

Il reste béant, l'air hagard.....

Dans cet effondrement de toute son armée,

Il entend son trône craquer ;

Il pleure, il craint de voir sa perte consommée,

Et gémit, près de suffoquer.

Sous le courroux de Dieu qui sur lui s'amoncelle,

Il n'est donc pas las de souffrir ?

A chaque obus qui tombe, il blêuit, il chancelle,

Tant il redoute de mourir !

Rebelle au châtiment, il s'acharne à poursuivre

    L'espoir qu'il sent l'abandonner,

Et va, tout effaré, pour pouvoir encor vivre,

    A la honte se cramponner !

Ce mandrin, étranger à l'honneur militaire,

    Dont l'âme ébrécha le remord,

Dresse le drapeau blanc, signe parlementaire,

    Afin de conjurer la mort !

Et, lorsque dans les airs apparut dépliée

    L'étoffe où flottait notre affront,

Honteux de voir ainsi la France humiliée,

    Nos soldats ont courbé le front !

V

Cependant les obus avec recrudescence

    Pleuvent encor dans la cité ;

Ce lâche se débat contre son impuissance,

    De plus en plus épouvanté.

A chaque projectile, il tressaille, il s'étonne

De ne pas voir le feu cesser.

Il se démène en vain ; toujours le canon tonne
    Et semble toujours s'avancer...
Il enjoint, ne sachant où donner de la tête,
    Qu'on hisse plus haut le drapeau ;
Mais sans cesse il frémit sous la même tempête,
    Comme penché vers le tombeau...
Devant ses généraux alors il s'humilie
    Pour les amener à son vœu :
Des larmes dans la voix, tremblant, il les supplie
    De courir arrêter le feu.
Mais c'est à des Français que ce couard s'adresse :
    Ils répondent par un refus ;
Et le voilà resté, sous l'effroi qui l'oppresse,
    Tout haletant et tout confus !

VI

Mais du sein du malheur qui toujours nous accable
    Un sauveteur vient de venir,
Qui consent à la fin à lui jeter un câble

  Auquel il va se retenir :

Wimpffen, qui jusqu'au bout épuisa son courage

  A lutter contre le Destin,

Peut avec l'ennemi, tout en grinçant de rage,

  Traiter d'un air encor hautain !

Par ce brave, qui sut si bien tirer l'épée,

  Quoique ayant lutté sans bonheur,

La France, en se rendant à ceux qui l'ont frappée,

  Garde un reflet de son honneur !

Il part donc vers Guillaume, et César se rassure.

  Qu'importe à ce noir réprouvé

Que ce jour pour nos fronts soit une flétrissure ?

  Il va pouvoir être sauvé...

La douleur l'a tenu longtemps sous sa lardoire :

  Il a besoin de sommeiller,

Et la honte qu'il a mise sur notre gloire

  A ce bandit sert d'oreiller !

  Mai 1873.

XXVII

A NOS SOLDATS PRISONNIERS.

Vous, les généreux fils des héros dont la gloire,
Comme un astre éclatant, éblouissait les yeux,
Vous qu'enfants dans ses bras a bercés la Victoire
    En vous parlant de vos aïeux ;

Vous qui, devant un jour perpétuer leur race,
Dans le flanc maternel aspiriez leur valeur,
Et qui sentiez en vous, pour courir sur leur trace,
    Un sang aussi prompt que le leur;

Vous qui ne laissiez point votre héritage en friche,

Vous les hardis dompteurs des Arabes rétifs,

Vous qui fîtes trembler la Russie et l'Autriche,

    Vous voilà vaincus et captifs !

Voilà que tout honteux et retenant vos larmes,

Vous défilez sous l'œil des caporaux germains,

Et jetez à leurs pieds pêle-mêle vos armes

    Si redoutables dans vos mains !

L'âme de désespoir en secret consumée,

Vous marchez sans tambours et sans votre drapeau;

Vous, tout à l'heure encore une vaillante armée,

    Vous voilà devenus troupeau !

O sombre abaissement ! Vous êtes là cent mille,

Cheminant, tête basse, épuisés, affamés;

Et, soldats qu'au bétail le vainqueur assimile,

    Vous frémissez, les poings fermés !

Ce vainqueur vous arrache à la mère patrie;

Il vous conduit au loin dans la captivité;

Du geste et de la voix il brave, il injurie

　　Vos grands cœurs dans l'adversité !

Lançant sur vous leurs dards, ainsi que des vipères,

Ces lâches Prussiens prétendent se venger,

Et vous faire expier la gloire de vos pères

　　Dans leur triomphe passager !

Quand vous traverserez leurs villes, leurs bourgades,

Leurs enfants de leurs cris viendront vous assourdir ;

Vous verrez leûrs gretchen, par leurs douces œillades,

　　De vos malheurs les applaudir.

Vous que si fièrement redressait le courage

Lorsque la Mort semait la mitraille dans l'air,

Vous serez tous contraints de plier sous l'outrage

　　Sans que votre œil lance un éclair !

Sous le ciel étranger dès lors vous devrez vivre,

Ou plutôt vous devrez, à force de souffrir,

Soumis à vos geôliers, que leur victoire enivre,

　　Vous sentir tous les jours mourir !

Là, chaque nuit, durant votre ardente insomnie,
En passant devant vous, vos mères tout en pleurs
Tourmenteront encor votre sombre agonie
    Par le tableau de leurs douleurs !

Vous verrez, sous le poids de sinistres augures,
Vos vieux pères fléchir leurs fronts désespérés,
Et, par l'angoisse peinte à leurs mâles figures,
    Vous montrer leurs cœurs ulcérés !

Et vous verrez aussi vos pâles fiancées
Apparaître à leur tour dans cette vision,
Vous disant que l'espoir qui les avait bercées
    N'était que vaine illusion !

C'est ainsi que pour vous les heures d'esclavage
A travers vos douleurs lentement passeront,
Et qu'elles pourront mieux exercer leur ravage
    Sur vos traits qu'elles creuseront.

Vous sentirez vos cœurs pour le pays se fendre,
Quand d'autres tristes jours sous son ciel auront lui :

Empêchés par vos fers de courir le défendre,

    De loin, vous pleurerez sur lui.

Parmi vous, qui saurez nos défaites fatales,

Plusieurs, au souvenir de leurs champs envahis,

Tomberont, aussi bien que sous le coup des balles,

    Tués par le mal du pays.

Puis l'hiver, amenant son rigoureux cortége,

Viendra sévir sur vous que la guerre a meurtris,

Et vous ne trouverez nul secours qui protége

    Vos pauvres corps endoloris.

Et bien d'autres alors, dont l'âme était stoïque,

Sur le sol étranger descendront au tombeau,

Eux qui voulaient mourir d'une mort héroïque

    Pour la gloire de leur drapeau !

Mais vous, les survivants, qui reverrez la France,

Vous maudirez César, ce blafard suborneur

Qui vous vint lâchement jeter à la souffrance

    A travers un tel déshonneur !

Mai 1873.

XXVIII

L'EMPIRE C'EST LA PAIX.

L'empire, c'est la paix ! avait dit l'impudent ;
Et cet empire fut la guerre et la défaite !
La France était puissante, et lui, la dégradant,
Sous son ignoble main la renversa du faîte
Où, l'ayant fait gravir de sommets en sommets,
La Gloire la montrait dans sa grandeur sereine,
Et, dardant sur son front ses radieux reflets,
L'environnait d'éclat et la couronnait reine !

Elle qui rayonnait au milieu des splendeurs,

Et ne hantait jamais que les plus hautes cimes,

Roule, déshonorée, aux sombres profondeurs

Qu'ouvrit devant ses pas le plus noir des abîmes !

O forfait inouï ! La grande Nation,

La Gaule d'autrefois, sous laquelle, un jour, Rome

Dut sentir avorter son âpre ambition,

Quand, pour exterminer jusqu'à son dernier homme,

Brennus tirait son fer du flanc des sénateurs ;

La France de Clovis et du fier Charlemagne,

Qui, vainqueur des Saxons, fauves déprédateurs,

Posait en conquérant son pied sur l'Allemagne ;

La France de Philippe au glaive redouté

Qui lançait des éclairs dans les champs de Bovines ;

Celle de saint Louis, dont le bras indompté

S'obstinait à lutter sur les traces divines ;

La mère de ces preux qui, comme un fier rempart,

L'ont si bien défendue et si bien illustrée ;

Celle qui mit au jour Duguesclin et Bayard,

Et chez qui rayonnaient, comme dans l'empyrée,

Ces héros, demi-dieux à l'heure des combats,

Les Créqui, les Villars, les Condé, les Turenne,

Entraînant la victoire enchaînée à leurs pas ;

Celle qui, surgissant sa propre souveraine,

Déchaîna tout à coup sur les rois éperdus

Le terrible ouragan de ses quatorze armées,

Foula ses ennemis, sur le sol étendus,

Et remplit de son nom la voix des Renommées ;

Celle que Kellermann, Hoche, Desaix, Kléber

Et tant d'autres héros ont tant glorifiée,

Alors que, regardant ses phalanges tomber,

L'Europe devant eux était terrifiée ;

Celle qui, ramassant des drapeaux entassés,

Suivit Napoléon, ce géant des batailles,

Dont le 'fer, harcelant les peuples pourchassés,

Sans cesse leur faisait de profondes entailles ;

La France, qui portait si haut son étendard,

Grande par la pensée et forte par le glaive,

Ce lâche l'agenouille aux pieds d'un vieux soudard !

Mais non ! elle s'indigne et soudain se relève,

Reniant cet intrus qui veut l'humilier !

Qu'il implore, s'il veut, pour lui-même Guillaume :

Il peut mordre la terre à force de plier,

Lui qui ne sent point battre en son sein un cœur d'homme.

L'écrasant d'un regard, le Cassandre teuton

Va dans Wilhelmsohe reléguer, en bon frère,

Ce bobèche guerrier qui, haussant trop le ton,

Endossa pour sa taille un rôle téméraire !

La France à l'ennemi de nouveau marchera :

Le visage sanglant des coups qui l'ont frappée,

Toujours ferme, toujours ardente, elle saura

Lutter encore avec le tronçon d'une épée !

Elle s'avancera d'un élan obstiné,

Et, redressant son front rebelle aux flétrissures,

Elle fera, devant l'Univers étonné,

Flamboyer son courage à travers ses blessures !

Juin 1873.

XXIX

A NOS SOLDATS MORTS.

Soldats, héros obscurs, tombés dans les mêlées,
C'est sur vous que mes vers, tout humides de pleurs,
Vont gémir en plaignant vos mères désolées
D'avoir vu moissonner les fruits de leurs douleurs.

Leur flanc qui vous porta de nouveau se déchire
Bien plus cruellement que pour vous mettre au jour,
Et leur cœur s'épouvante, en proie au noir délire,
Du vide que la Mort a fait dans leur amour !

Songeant à votre vie éclose sous leurs larmes,

Ainsi qu'aux jours passés à veiller sur vos pas,

Lorsque vous grandissiez au prix de leurs alarmes,

Elles ont des sanglots qui ne s'arrêtent pas...

Pour que vous prissiez place en ce monde où nous sommes,

Et d'où vous avez dû si promptement partir,

Vingt ans de leurs efforts ont fait de vous des hommes :

Un instant a suffi pour vous anéantir !

Cette pensée affreuse est pour ces tristes mères

Le glaive qui toujours vient transpercer leur sein,

Où bourdonnaient jadis tant de douces chimères

Dont vient de s'envoler le souriant essaim.

Plus d'une alors, frappant sa poitrine meurtrie,

Se lamente à travers ses soupirs étouffants,

Et folle, l'œil hagard, les poings crispés, s'écrie :

« Quel est-il donc celui qui nous prend nos enfants?

« Cet homme n'eut donc point une mère chérie

« Dont l'amour inquiet ait pleuré sur son front,

« Qu'il pousse ainsi nos fils à cette boucherie,

« Sans songer que nos cœurs dès lors se briseront ! »

Pauvres mères, cet homme, aussi lâche qu'infâme,

Fut, sous un toit royal, le produit du hasard :

Un amour criminel a fécondé la femme

Qui donna la naissance à ce hideux César !

C'es insi que, courant à de faux hyménées,

Et laiss it déborder d'impétueux désirs,

Cette épouse d'un roi, mères infortunées,

Enfanta vos douleurs au sein de ses plaisirs !

Mais vous, braves soldats, qu'un prince d'aventure

Lançait aveuglé ent aux combats périlleux,

En tombant vous a viez encore la stature

Des glorieux géants qui furent vos aïeux !

Ce lâche, qui sentait au bruit de la bataille

Le frisson de la peur courir dans tous ses os,

Ce nain ne vous a pas rabaissés à sa taille :

En vous on peut encor saluer des héros !

Juin 1873.

XXX

LE DERNIER MOT.

Je ne parlerai plus de l'homme de Décembre,
　　Doublé de l'homme de Sedan :
Dans le gouffre qu'il s'est creusé le deux Septembre
　　S'est englouti le chenapan !
Je voudrais même, après ce jour expiatoire,
　　Enfouir son nom dans l'oubli,
Et pouvoir arracher du livre de l'histoire
　　Le feuillet qu'il en a sali.

Juin 1873.

XXXI

LES LOYAUX ALLEMANDS.

Ce n'était pas assez pour eux d'être le nombre,
De venir, par les bois, surprendre nos guerriers :
Il leur fallait encor, pour vaincre sans encombre,
Charger la Trahison de cueillir leurs lauriers !

Parfois, en s'attachant le brassard de Genève,
Ces loyaux Allemands se glissaient parmi nous ;
Puis, en temps opportun, ils tiraient tous le glaive
Et tenaient nos soldats râlants sous leurs genoux !

« Bravo! je reconnais un de ces tours que j'aime! »
S'ecrierait Dumolard aux sinistres desseins;
Et le bon Bismarck doit louer ce stratagème,
Où la charité sert de masque aux assassins!

D'autres fois, pour parer à de vives alarmes,
Simulant de se rendre, ils mettaient crosse en l'air
Et, quand nous avancions en abaissant nos armes,
Les leurs tout aussitôt flamboyaient d'un éclair!

Et, triomphants, alors, ils redressaient la tête :
Ils avaient, sans péril, égorgé nos soldats!
Mais que, dans l'avenir, l'écho toujours répète
Qu'ils rabaissaient la guerre à de tels attentats.

Juin 1873.

XXXII

A LA FRANCE.

O France, ô mère bien-aimée,
Malgré tes ... s si courageux,
Tu vas, avec ta renommée,
Sombrer sous des flots orageux !
Tu te heurtes à la tempête
Et vois s'élancer sur ta tête
Toutes les fureurs de la mer,
Comme un vaisseau qui, sans mâture,

Tournoie et flotte à l'aventure
Aux soubresauts du gouffre amer!

Mais, au milieu de la tourmente,
Tu cours toujours avec fierté
Vers les périls dont s'alimente
Ta fougueuse intrépidité!
En vain sur toi tonne la foudre :
Elle ne peut point te résoudre
A courber ton front sous ses feux ;
Et le vif éclat de sa flamme
Ne fait qu'illuminer ton âme,
Qui se reflète dans tes yeux !

Combien tu parais belle encore
Aux prises avec le Malheur !
Ta noble bravoure décore
D'une auréole ta pâleur ;
Comme d'un ténébreux nuage
L'astre radieux se dégage
Et l'inonde de sa clarté,

Ainsi, perçant l'ombre épaissie
Dont tu t'avances obscurcie,
Rayonne encor ta majesté !

Devant toi, la grande guerrière,
Quoique triomphant, le Germain
Sent, dans sa rage meurtrière,
Son arme trembler en sa main !
Maîtrisant ta douleur poignante,
Tu comprimes, toute saignante,
La plaie où semblent fuir tes jours ;
De nouveaux coups toujours blessée,
Tu fléchis sans être abaissée,
Et tu te redresses toujours !

Te voyant ardente, obstinée,
Pour lutter sans cesse surgir,
Après t'avoir abandonnée,
La Fortune doit en rougir !
C'est ainsi qu'à cette infidèle
Tu te montres plus digne d'elle

Que ceux qu'elle a favorisés,

Et qu'on t'admire, en ces jours sombres,

Sublime au milieu des décombres

D'affûts et de canons brisés!

Dans ta main, que noircit la poudre,

Tu tiens ferme encor ton drapeau,

Constamment prompte à le recoudre,

Dès qu'il s'en déchire un lambeau!

Si, malgré ta mâle assurance,

Tu succombes, ô noble France,

Tes ennemis triompheront;

Mais, après cette longue lutte,

Devant ta grandeur dans ta chute,

Pour l'avenir ils trembleront!

Juin 1873.

XXXIII

Là finit l'épopée où l'on a vu l'Empire
    Tomber avec ses oripeaux,
Mais le patriotisme en nous toujours respire;
    Et voici que sous nos drapeaux
Accourent des vaillants qui prouvent qu'en nos veines
    L'héroïsme n'a pu tarir,
Et qui, bravant le sort et les alarmes vaines,
    Pour notre honneur sauront mourir!

TABLE DES MATIÈRES.

FIN DE LA TABLE.

Saint-Denis. — Imp. Ch. Lambert, 17, rue de Paris.

DU MÊME AUTEUR :

Gaule et Rome, légende nationale, 3ᵉ édition, chez Lachaud, 4, place du Théâtre-Français.

Les Échos poétiques, 3ᵉ édition épuisée.

Les Lyres brisées, poëmes. Dix-huitième siècle : André Chénier, Gilbert, Malfilâtre.

La Satire du dix-neuvième siècle, 3ᵉ édition.

Théâtre de Sophocle, traduit littéralement. 1ʳᵉ série : Electre, Antigone.

Scanderberg, tragédie en 5 actes.

} Ouvrages pour lesquels l'auteur a été lauréat de l'Académie.

POUR PARAITRE PROCHAINEMENT :

La Guerre. Deuxième partie : l'Epopée nationale.

Le Théâtre de Sophocle, deuxième série : Œdipe roi, Œdipe à Colonne ; troisième série : Ajax, Philoctète, et un travail sur Sophocle.

Les Lyres brisées, poëmes. Dix-neuvième siècle : Millevoye, Esconsse, Elisa Mercœur, Hégésippe Moreau.

EN PRÉPARATION :

Les Misères, poésies.

Les Expiations, petites épopées.

St-Denis. — Imp. Ch. Lambert, 17, rue de Paris.

www.ingramcontent.com/pod-product-compliance
Lightning Source LLC
Chambersburg PA
CBHW070635100426
42744CB00006B/695